W0348326

Liebe Leserin, lieber Leser!

Dieses Buch ist für Anfänger gedacht und beginnt mit einfachen Grundlagen des Papierfaltens. Dann steigert sich der Schwierigkeitsgrad allmählich und für die letzten Modelle – Dinosaurier und Rentiere – ist schon mehr Übung, Konzentration und Geduld notwendig, sie sollten mithilfe eines Erwachsenen gefaltet werden.

Es ist ein Buch für Kinder, aber auch für Erwachsene, denen der Einstieg in die Welt des Origami nie so recht gelungen ist. Mit den Schritt-für-Schritt-Zeichnungen im herausnehmbaren Vorlagenheft werden Sie Erfolg haben! Ich zeige Ihnen nicht nur die einzelnen Schritte, sondern auch Zwischenergebnisse. Allerdings ist es sehr wichtig, dass Sie und Ihre Kinder sich vorab intensiv mit den Faltsymbolen beschäftigen und sich auf die Zeichnungen einlassen. Auch Zeichnungen muss man erst „lesen lernen" und dabei ein räumliches Vorstellungsvermögen entwickeln.

Da es Kindern zu Beginn oft schwer fällt, genau zu falten, habe ich Figuren entworfen, bei denen sie auch mal „schief" falten dürfen. Das Ergebnis bringt oft etwas Heiteres, Drolliges hervor und regt zu Experimenten an. Wenn die Kinder erst einmal begreifen, wie sie das Aussehen beeinflussen können, wächst der Spaß am Falten.

Viel Freude beim Falten und Spielen!

Miyuki Lacza

Inhalt

Material, Tipps und Tricks

Grundmaterial

- Papier (siehe unten)
- Klebepunkte (Markierungspunkte bzw. Haftetiketten) in Weiß, Schwarz, eventuell farbig (alternativ Filzstifte, um die weißen Punkte zu färben) in den Größen 8, 12 und 18 mm Durchmesser
- Eventuell Lackstift in Weiß für Glanzpunkte in den Augen
- Bleistift HB
- Lineal, gegebenenfalls Geodreieck
- Schere
- Alleskleber oder Klebestift

Papierauswahl

Grundsätzlich ist jedes Papier geeignet, das sich scharf falten lässt, ohne zu reißen. Festes Papier erschwert allerdings das Falten.

Die Grundform der hier verwendeten Faltpapiere ist quadratisch. Es ist wichtig, dass alle vier Seiten gleich lang und gerade geschnitten sind.

Für Kinder darf die Faltarbeit nicht zu klein werden, für Anfänger sollte das Papier mindestens 15 x 15 cm haben. Geübtere Kinder kommen auch mit kleineren Formaten zurecht. Bei einigen Modellen ist es notwendig, ein größeres Faltpapier kleiner zu schneiden, um das angegebene Maß zu erreichen.

Im Fachhandel werden Origami-Papiere und Faltblätter aus unterschiedlichen Papiersorten in vielen Farben angeboten, zum Beispiel von „nice papers".

Es gibt:

- Papiere mit zwei gleichfarbigen Seiten
- Papiere mit einer farbigen und einer weißen Seite
- Papiere mit unterschiedlich eingefärbten Seiten, z. B. in Gelb-Hellgrün
- Papiere mit Mustern

Vorlagenheft

Im Vorlagenheft befinden sich Schritt-für-Schritt-Faltanleitungen, die nach Bedarf mit Faltsymbolen und Texten versehen sind. Die jeweilige Zeichnung zeigt das Ergebnis des vorherigen Schrittes und die Anweisung zum nächsten Schritt.

Trennen Sie das Heft heraus und legen Sie die gezeichnete Faltanleitung neben das aufgeschlagene Buch, das die Faltsymbole von Seite 6/7 zeigen sollte.

Tipps

Das Vorlagenheft mit den Schritt-für-Schritt-Zeichnungen ist so gestaltet, dass Kinder die Faltungen selbstständig ausführen können (Ausnahmen: „Dinosaurier“ und „Rentiere“), wenn sie folgende Regeln beachten:

- Darauf achten, wie das Papier zu halten ist.
- Möglichst gerade und exakt falten („schief“ ist aber auch mal möglich, siehe Vorwort).
- Die Ecken genau übereinander legen und sorgfältig falten.
- Die Faltkante mit dem Zeigefinger oder Fingernagel nachfahren.
- Beim Falten nicht nur den aktuellen, sondern auch den folgenden Schritt ansehen.
- Die auf Seite 6/7 abgebildeten Faltsymbole beachten, insbesondere „wenden“.
- Auf einer festen, glatten Fläche falten.

Hinweise für die Eltern

- Setzen Sie sich zu den Kindern, stellen Sie das Buch vor und zeigen Sie Ihnen die Bilder. Lassen Sie die Kinder selbst entscheiden, welche Motive sie falten möchten.
- Erklären Sie den Kindern die Grundregeln und helfen Sie ihnen, bis sie diese verstanden haben.
- Die Kinder sollten nur so lange falten, wie sie sich konzentrieren können.

Schwierigkeitsgrade

Bei jedem Motiv ist der Schwierigkeitsgrad der Faltarbeit mit einer Anzahl von Sternchen angegeben. Er bezieht sich nicht auf die Ausgestaltung des Motivs. Bitte beachten Sie, dass die Angaben stets nur richtungsweisend sind. Bei Kindern gleichen Alters können die feinmotorischen Fähigkeiten unterschiedlich entwickelt sein.

*	gelingt leicht
**	etwas schwieriger
***	erfordert Konzentration
****	erfordert Geduld und Konzentration

Die Figuren gestalten

Die fertigen Tierfiguren sehen lustiger aus, wenn sie Augen und einen Mund haben, die zum Beispiel mit Filz- und Buntstiften aufgemalt werden.

Für Augen, Nasen und Münder eignen sich selbstklebende Markierungspunkte aus dem Schreibwarengeschäft. Spartipp: Nur weiße Klebepunkte kaufen und farbig bemalen.

Mit einem weißen Lackstift aufgesetzte Punkte lassen die Augen lebendiger wirken.

Faltsymbole

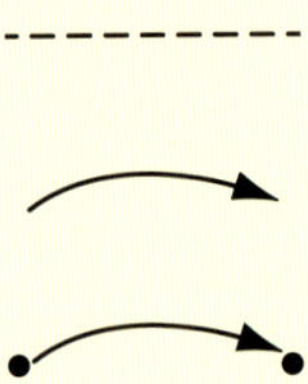

Talfalte (nach vorn falten)

Pfeil bei Talfalten

Punkt auf Punkt falten

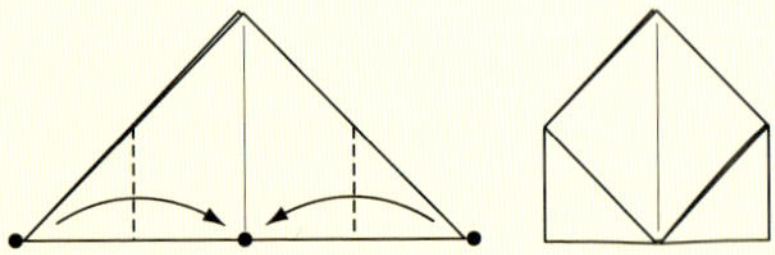

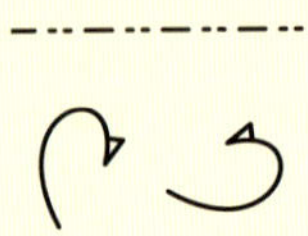

Bergfalte (nach hinten falten)

Pfeile bei Bergfalten

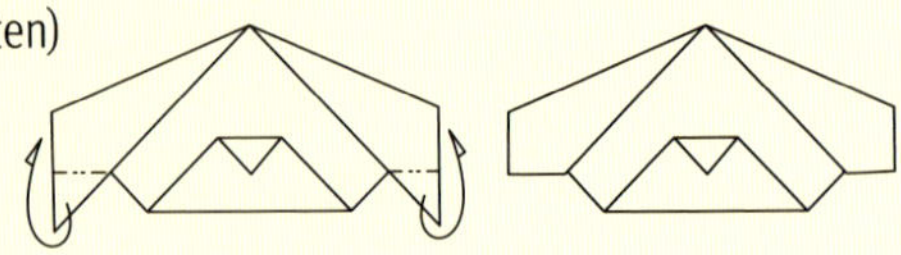

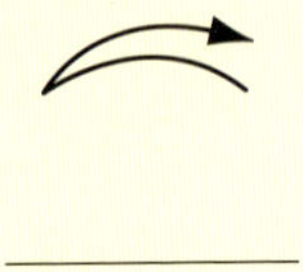

Falten und
wieder entfalten

Vorhandene Falte

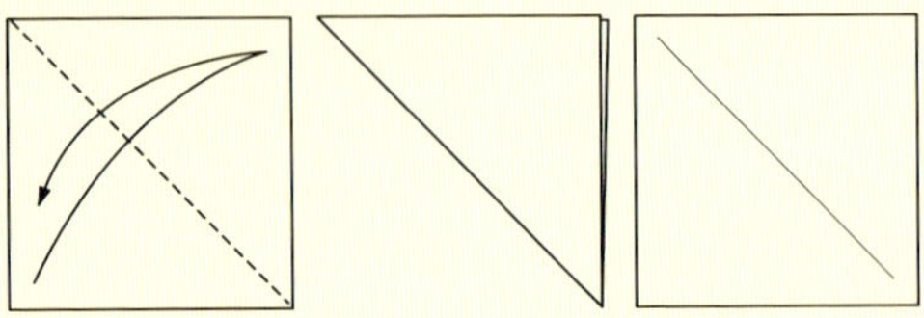

Pressen

Faltung öffnen

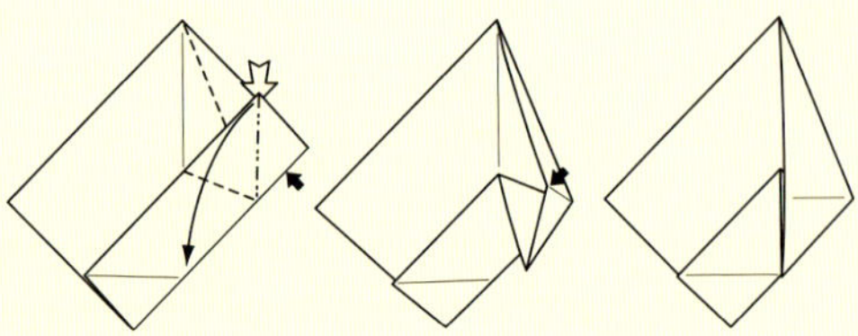

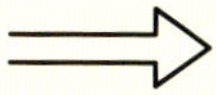

Herausziehen

Nicht sichtbare Linie, Hilfslinie

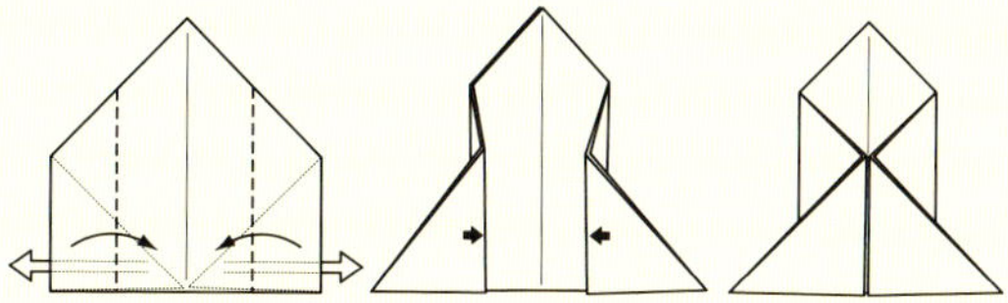

Vergrößerte Ansicht

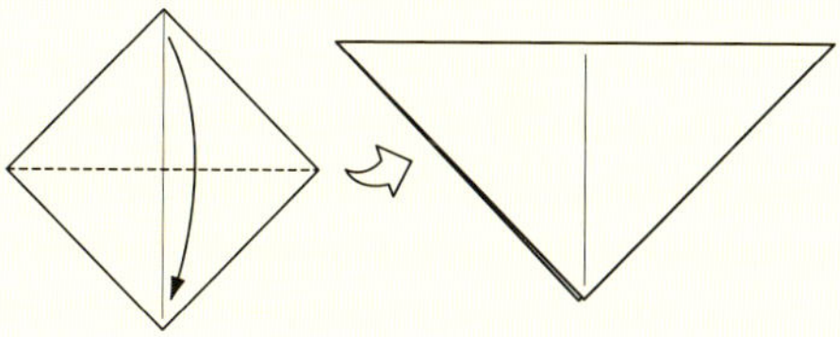

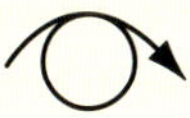

Figur umdrehen

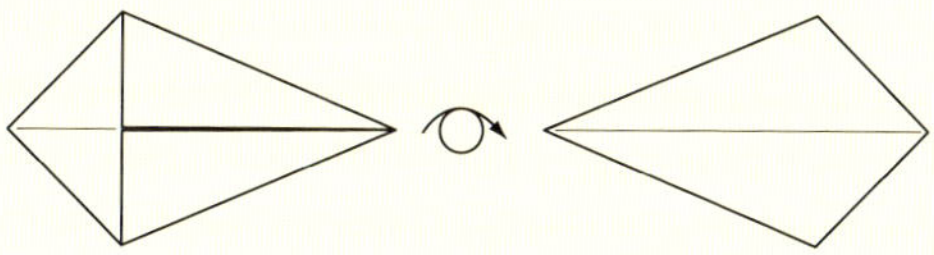

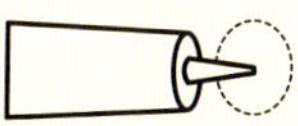

Kleben

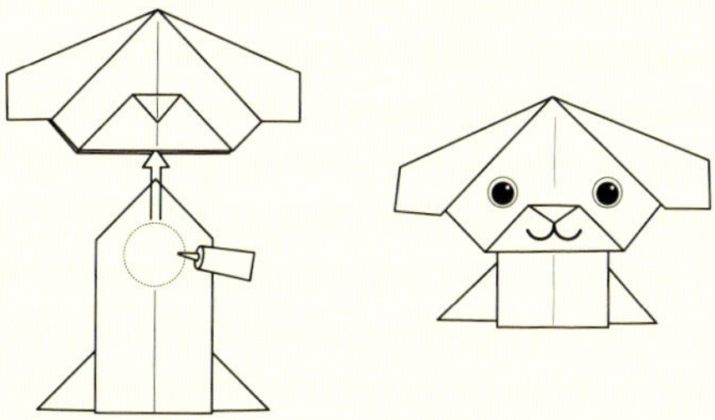

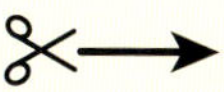

Schneiden,
bis zur Pfeilspitze
(ein-)schneiden

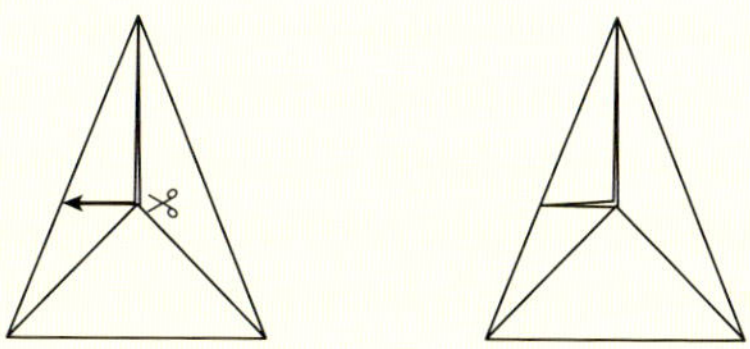

Frühlingsblumen

Material:

- Origami-Papier mit Regenbogenverlauf, Blütenmotiv, in Grün, 15 x 15 cm
- Klebstoff

Vorlagenheft, Seite 2/3

*

Marienkäfer

Material:

- Origami-Papier in Rot-Weiß, 15 x 15 cm
- Klebepunkte in Schwarz, 8 und 12 mm Ø
- Filzstift in Rot
- Lackstift in Weiß

Vorlagenheft, Seite 4/5

**

Küken

Material:

- Origami-Papier in Gelb-Orange, Gelb-Hellgrün, 15 x 15 cm
- Klebepunkte in Weiß, Schwarz 12 mm Ø
- Filzstifte in Rot, Schwarz
- Lackstift in Weiß
- Schere

Vorlagenheft, Seite 6

**

Dreiecke mit dem schwarzen Filzstift auf weiße Klebepunkte zeichnen und rot ausmalen. Die Dreiecke ausschneiden und als Schnäbel auf die Küken kleben.

Weihnachtsmänner

Material:

- Origami-Papier in Rot-Weiß, 15 x 15 cm
- Klebepunkte in Rot, Schwarz, 8 mm Ø
- Lackstift in Weiß
- Schere

Vorlagenheft, Seite 7

*

Den Mund jeweils aus einem roten Klebepunkt ausschneiden.

Püppchen

Material:

- Origami-Papier mit Streifenmotiv, Blütenmotiv, Kratzmuster, 15 x 15 cm
- Klebepunkte in Schwarz, 8 mm Ø
- Lackstift in Weiß
- Filzstift in Rot

Vorlagenheft, Seite 8 – 11

**

Vorlagenheft

„Erstes Origami. Kinderleichte Falt-Ideen"
von Miyuki Lacza

© 2009 Christophorus Verlag GmbH & Co. KG,
Freiburg
Alle Rechte vorbehalten

ISBN 978-3-8388-3303-3
Art.-Nr. CV3303

2. Auflage 2010

Jede gewerbliche Nutzung der
Arbeiten und Entwürfe ist nur
mit Genehmigung der Urheberin
und des Verlages gestattet.

Zeichnungen:
Miyuki Lacza

Satz und Montage: Elke Fox, Freiburg

Hinweis

Dieses Vorlagenheft kann aus dem Buch herausgenommen werden.
Dazu die obere und die untere Klammer in der Mitte des Buches öffnen.
Die mittlere Klammer nicht öffnen, sie hält das Vorlagenheft zusammen.
Das Vorlagenheft herausnehmen und die Klammern wieder schließen.

Frühlingsblumen

Abbildung Seite 8/9

Blüte

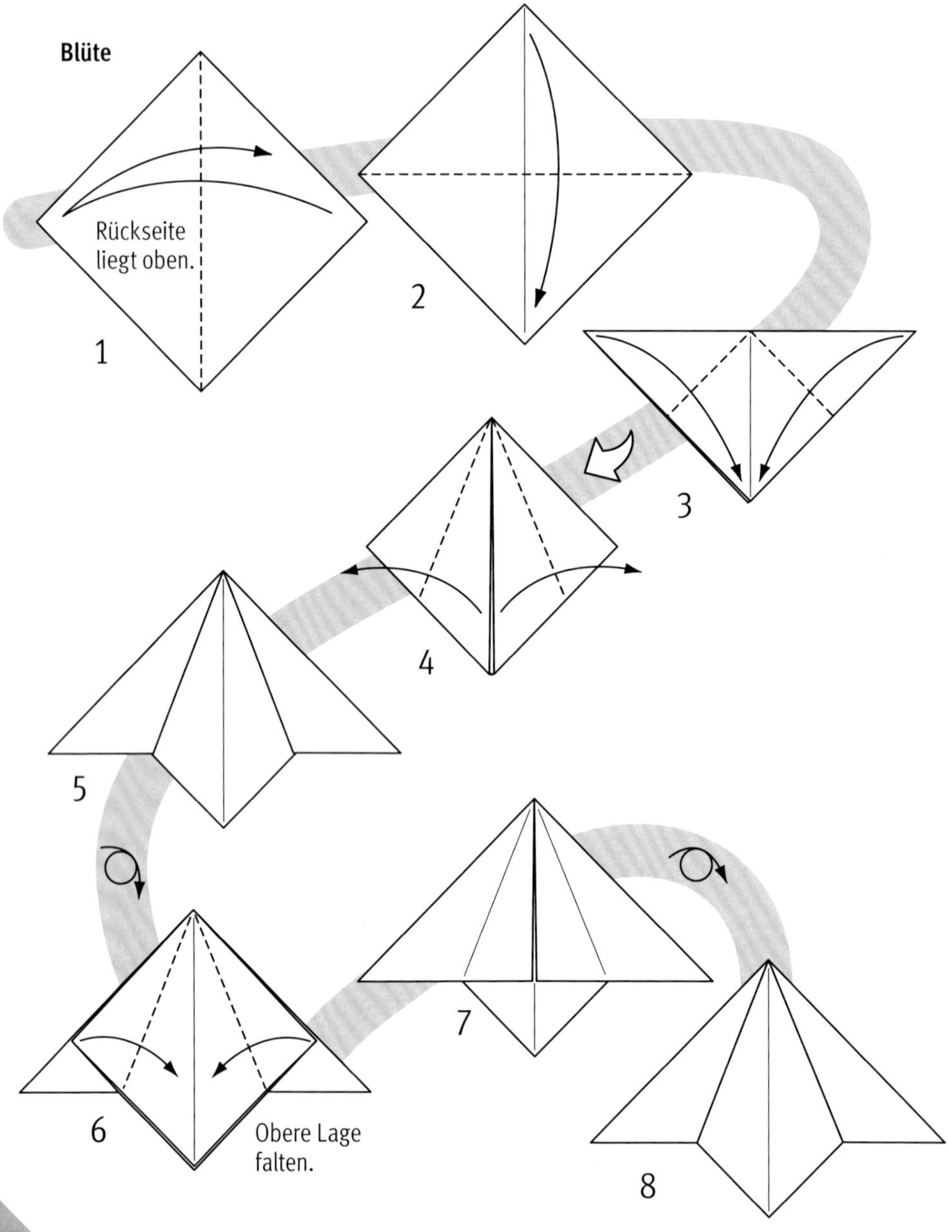

Stängel

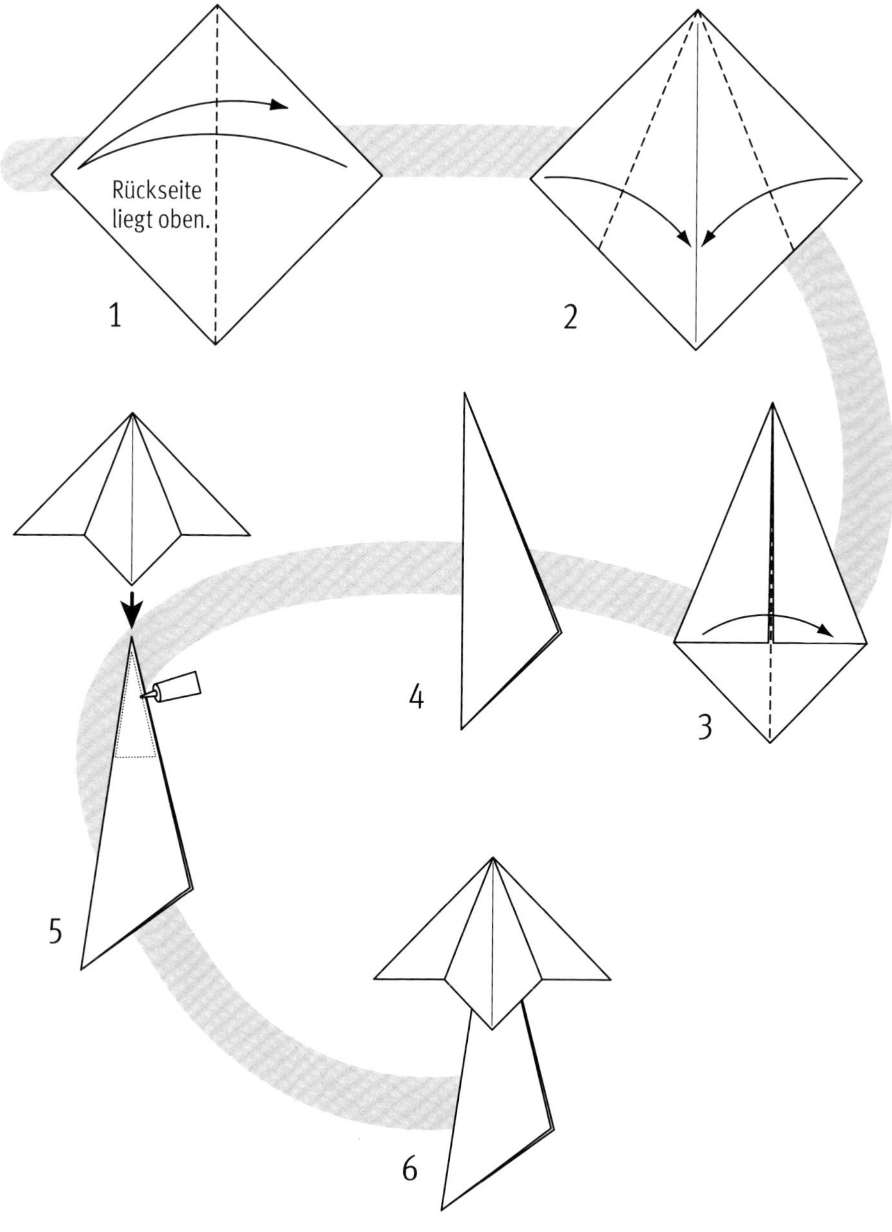

Marienkäfer

Abbildung Seite 10/11

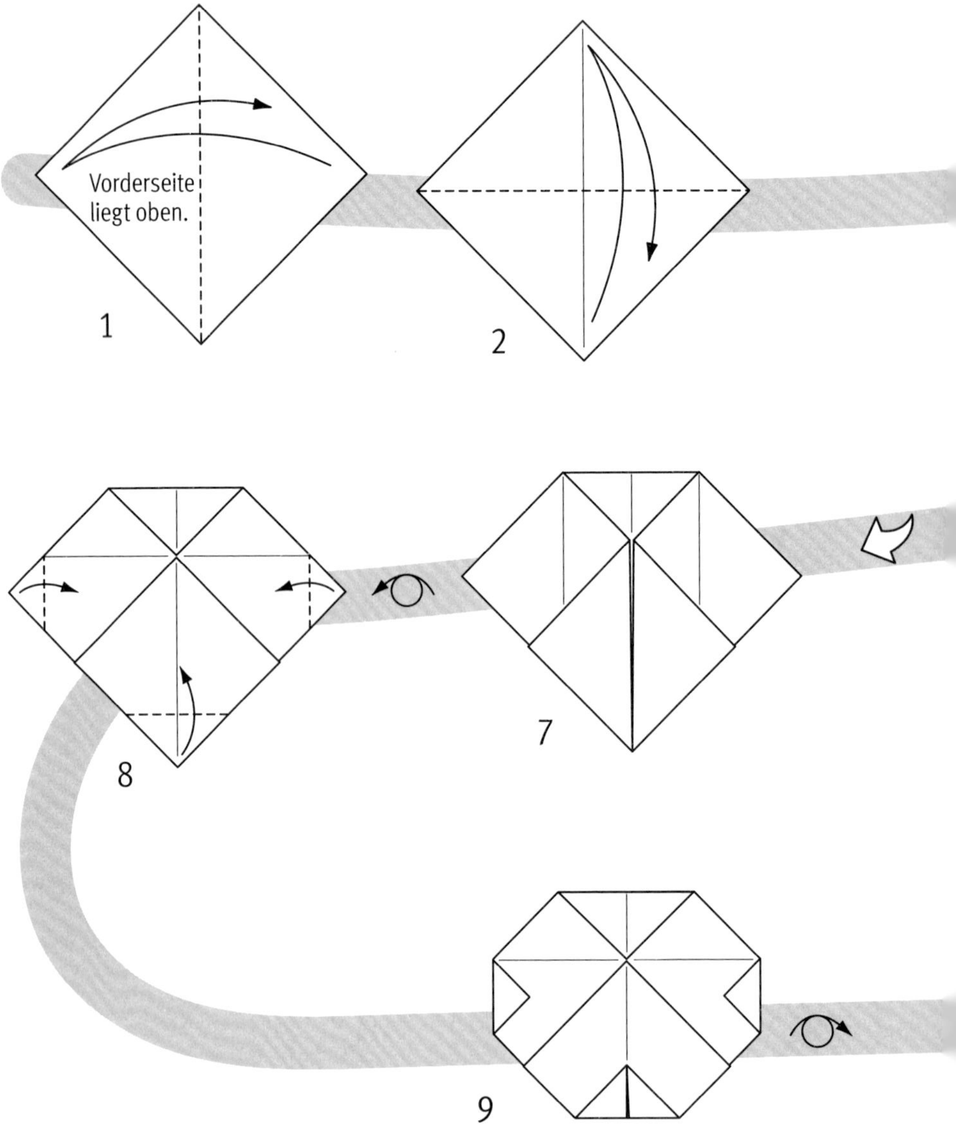

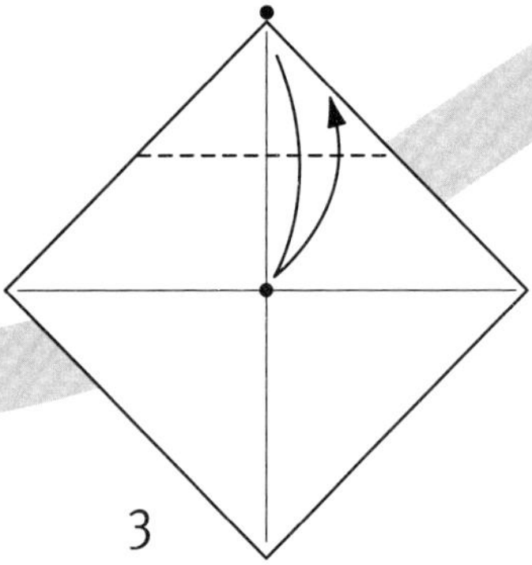

3

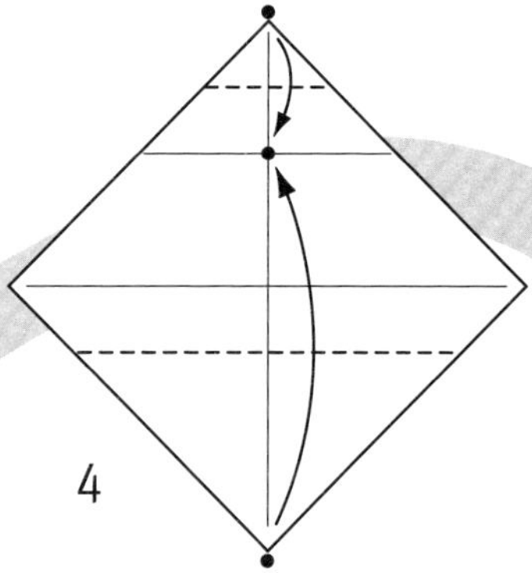

4

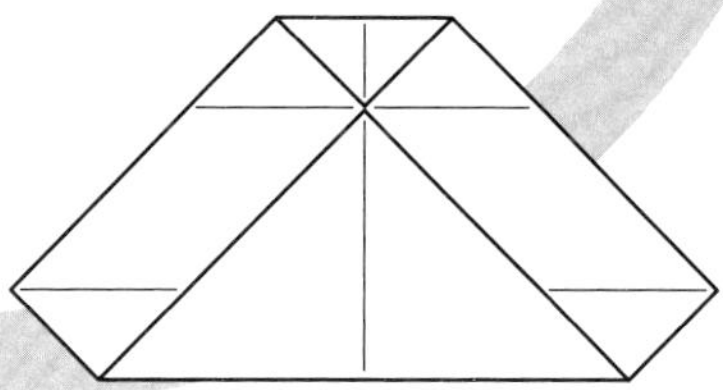

5

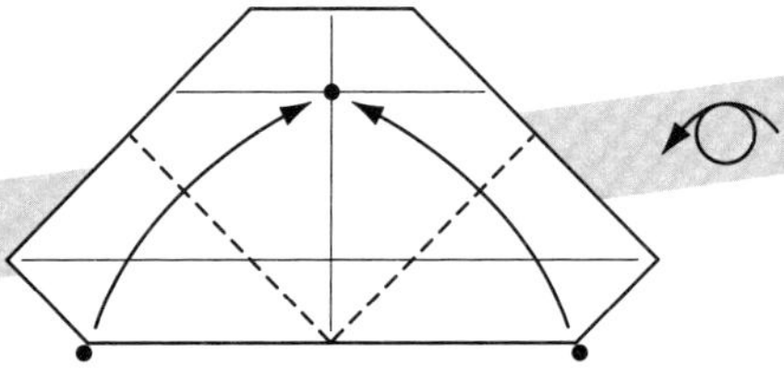

6

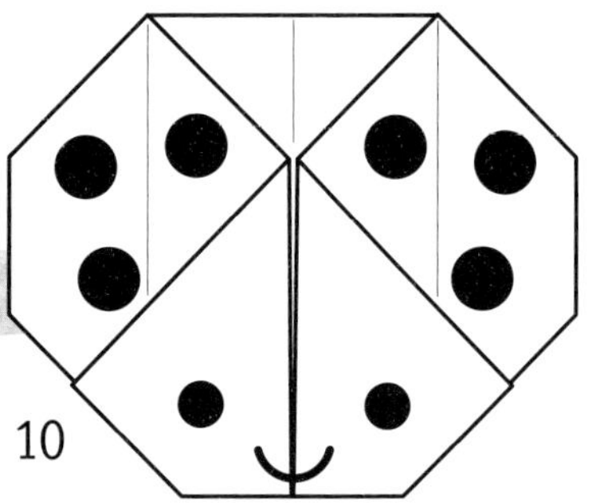

10

Küken

Abbildung Seite 12/13

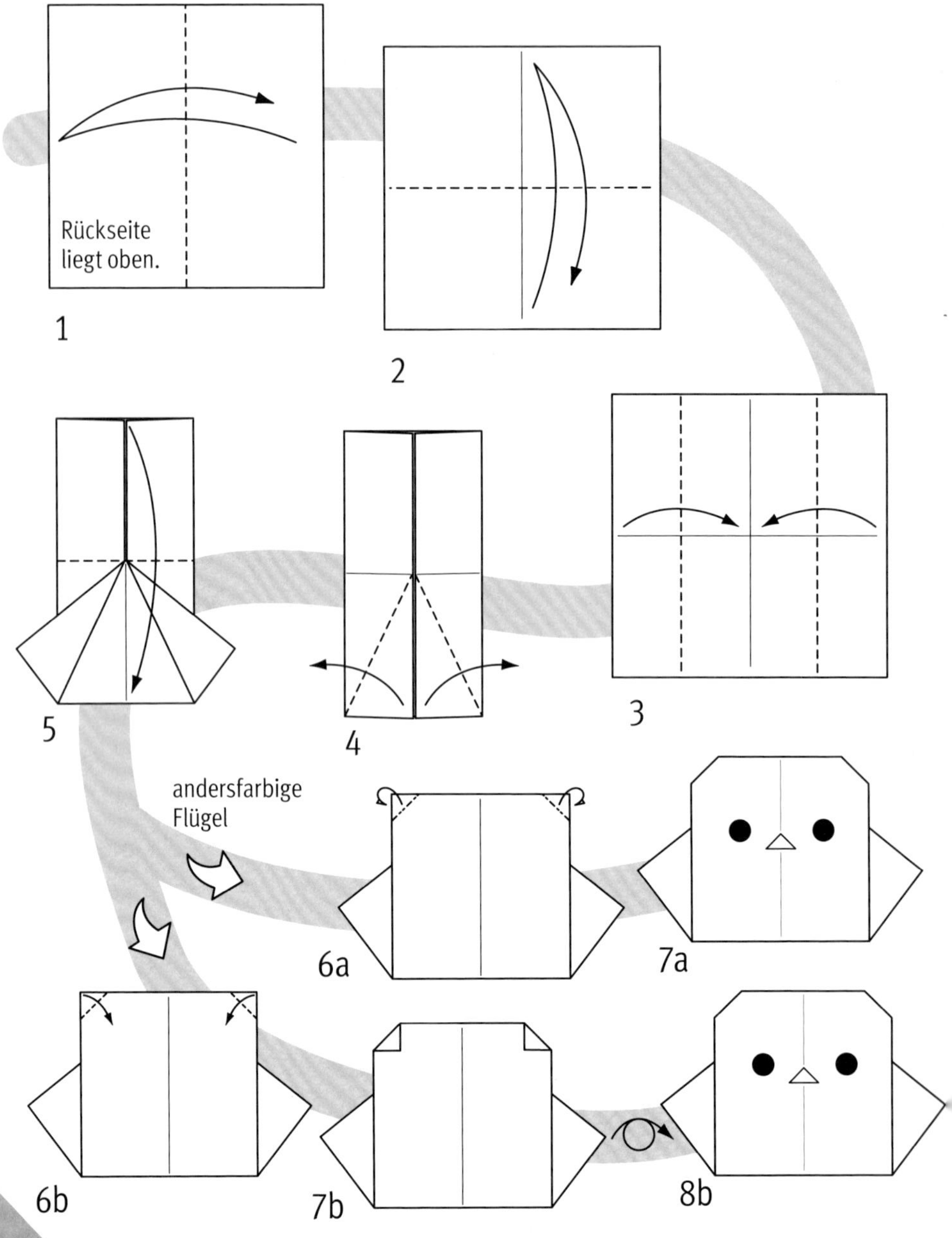

Weihnachtsmänner

Abbildung Seite 14/15

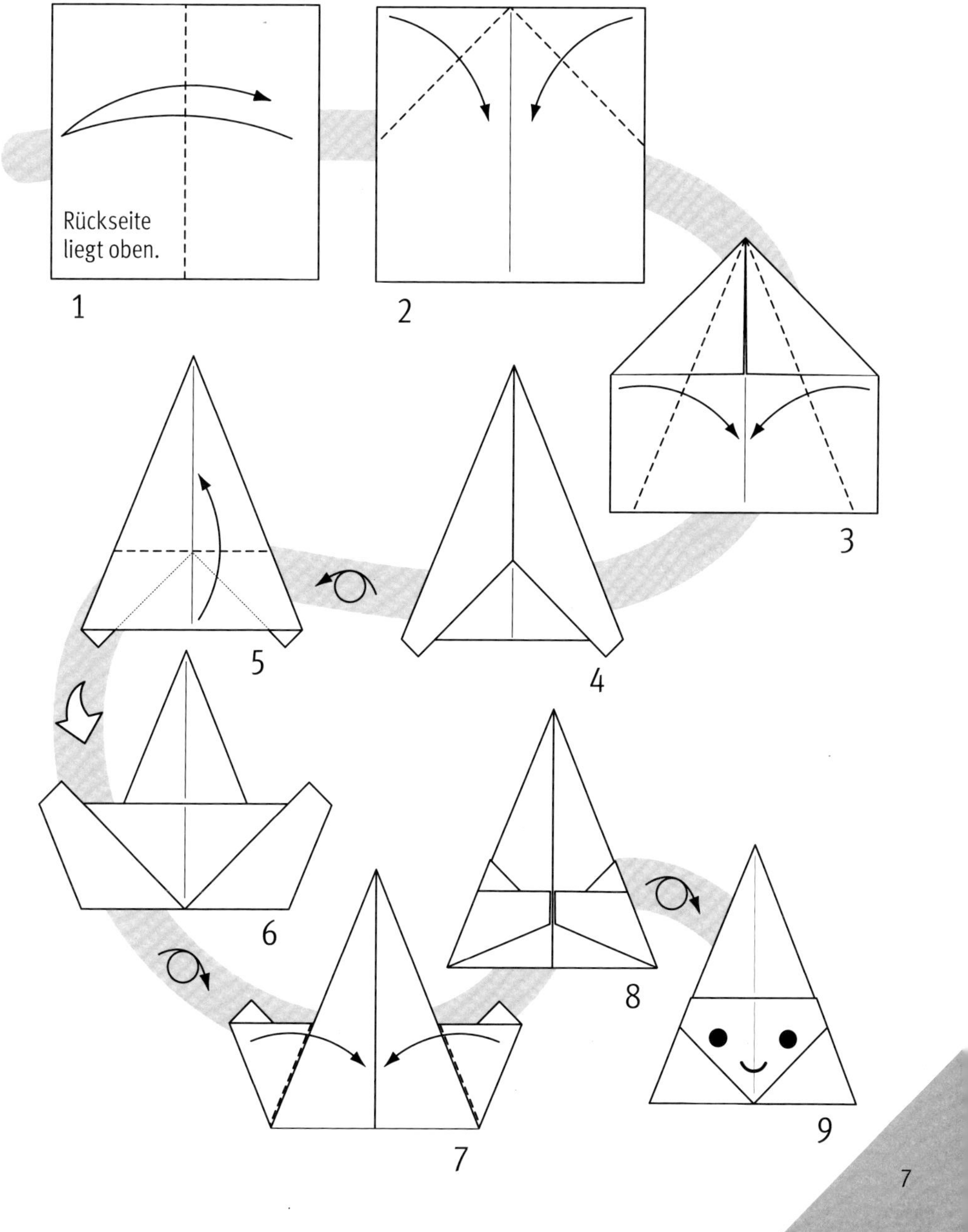

Püppchen 1

Abbildung Seite 16/17

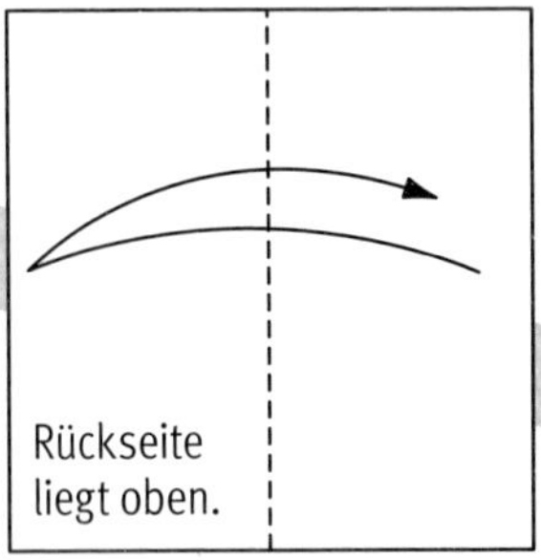

1

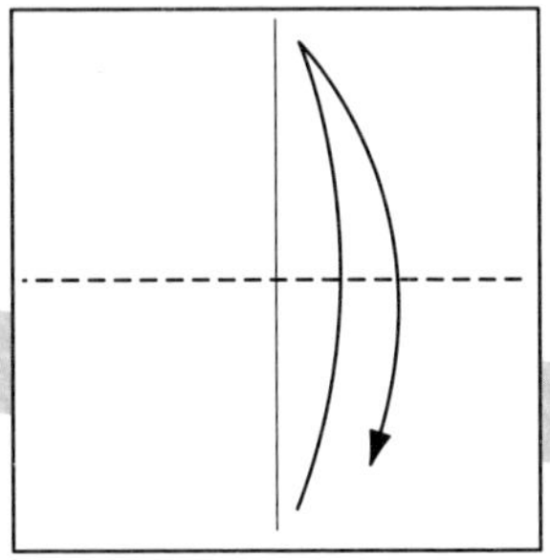

2

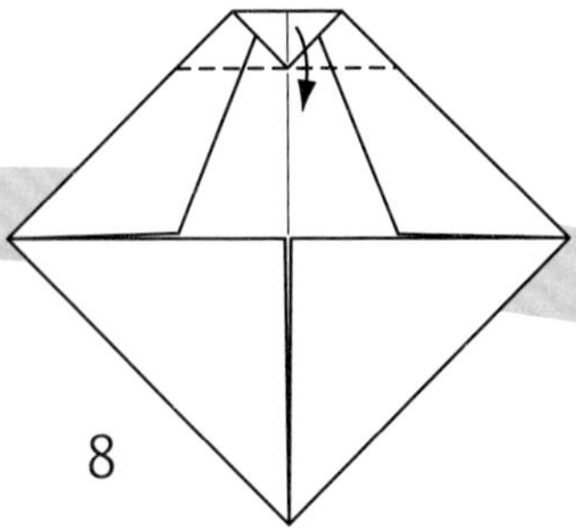

8

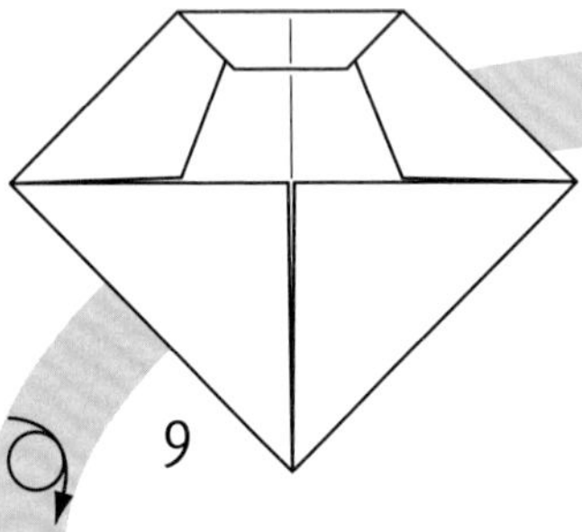

9

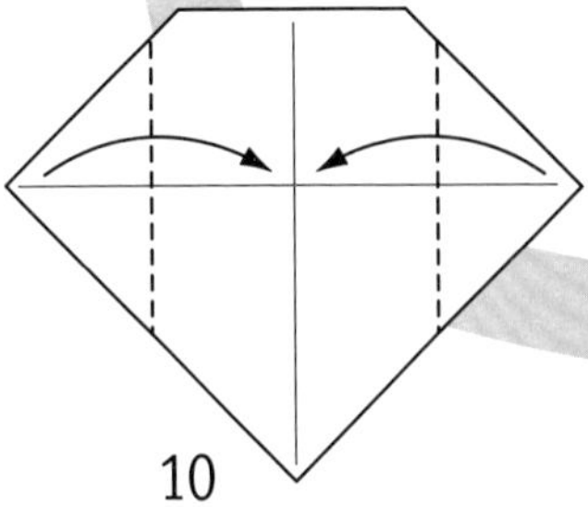

10

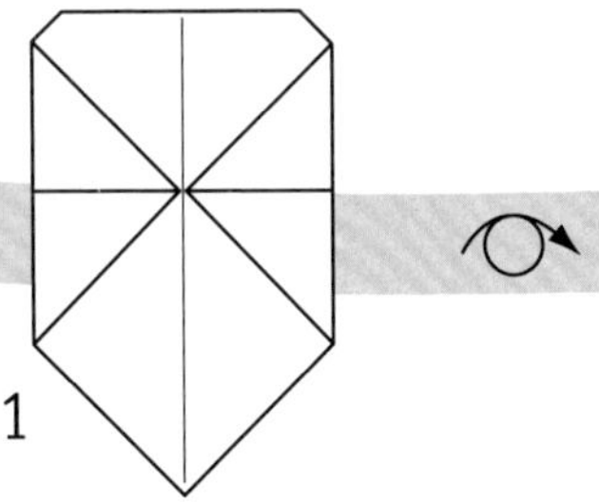

11

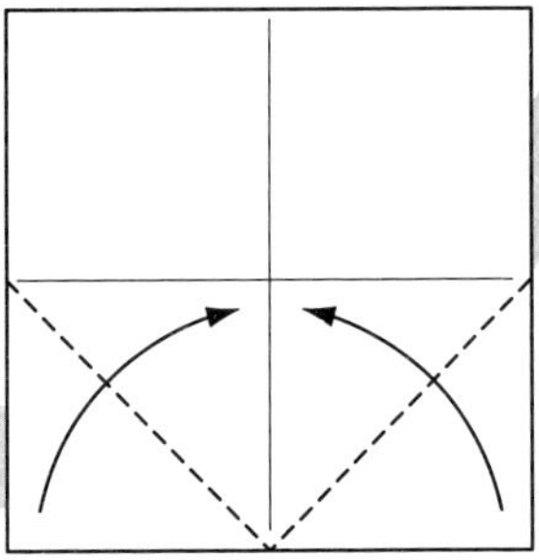

3

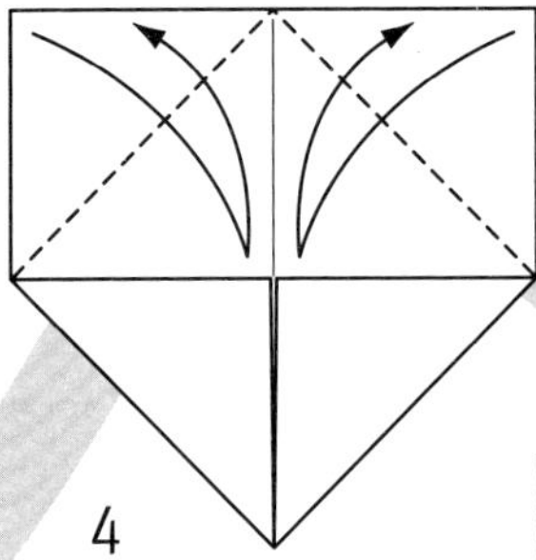

4

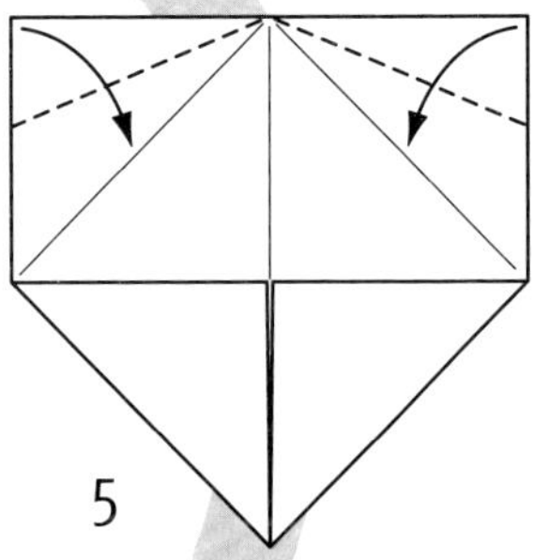

5

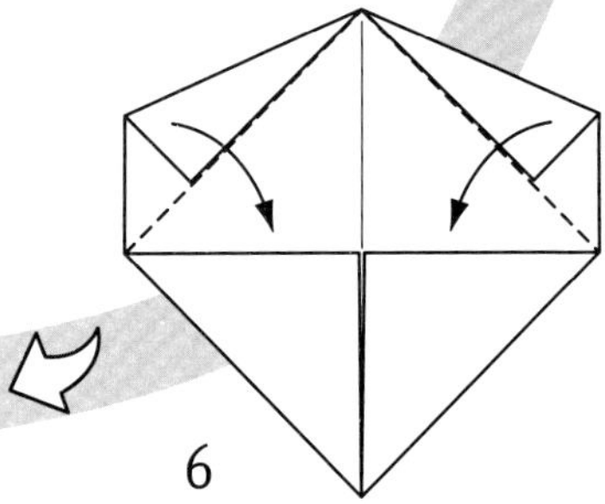

6

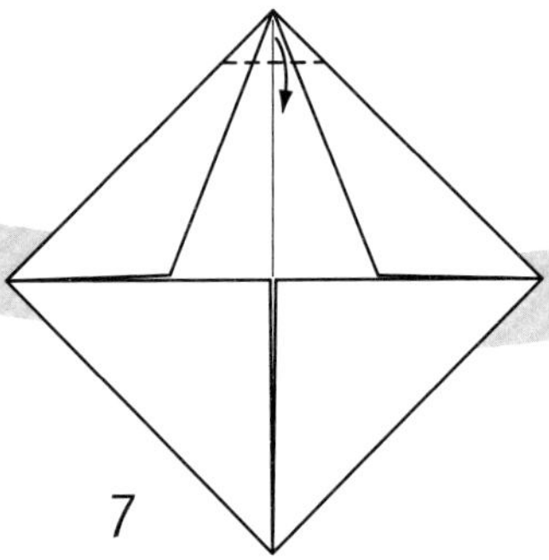

7

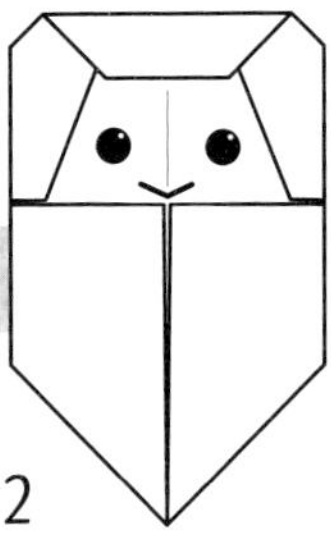

12

Püppchen 2

Abbildung Seite 16/17

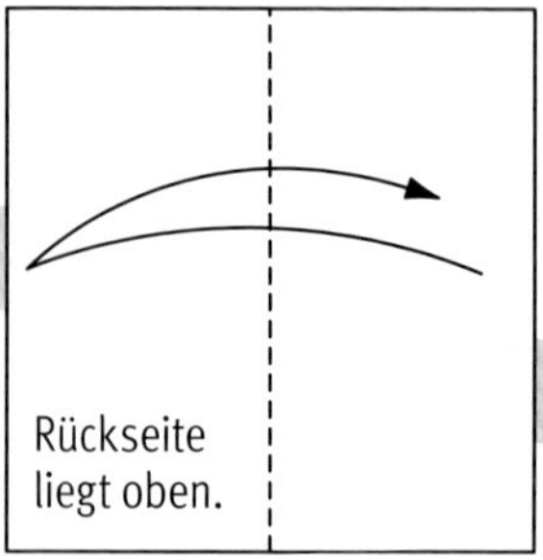

1

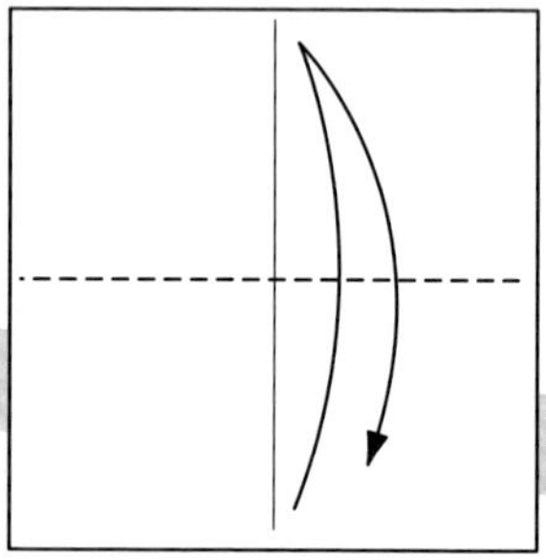

2

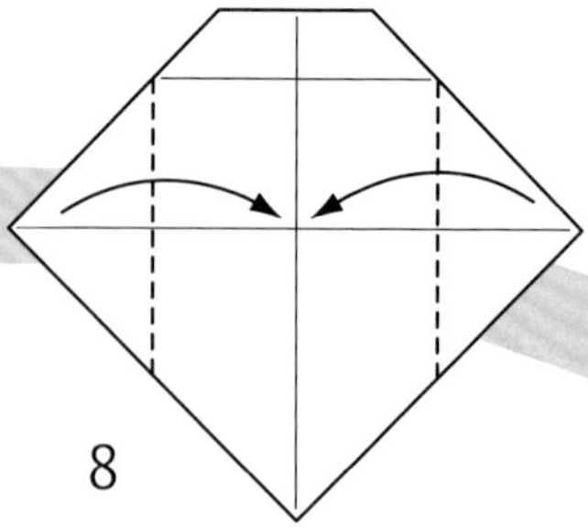

8

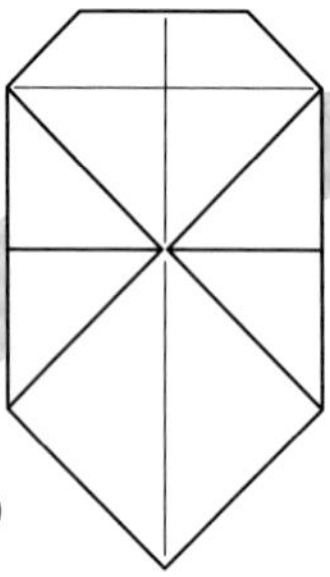

9

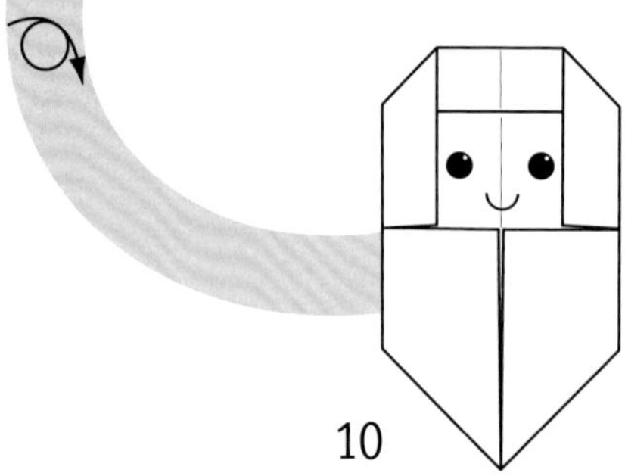

10

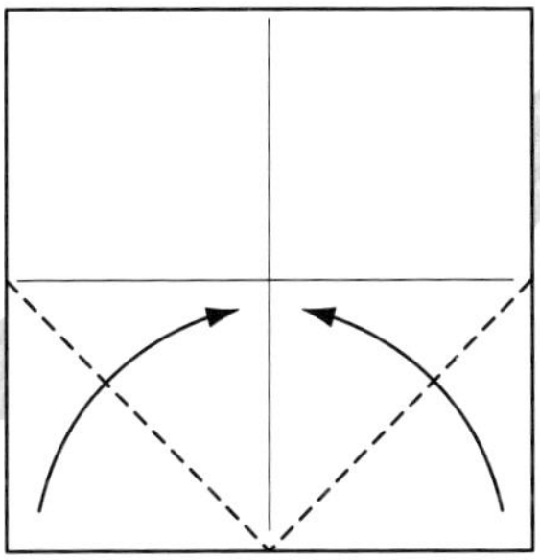

3

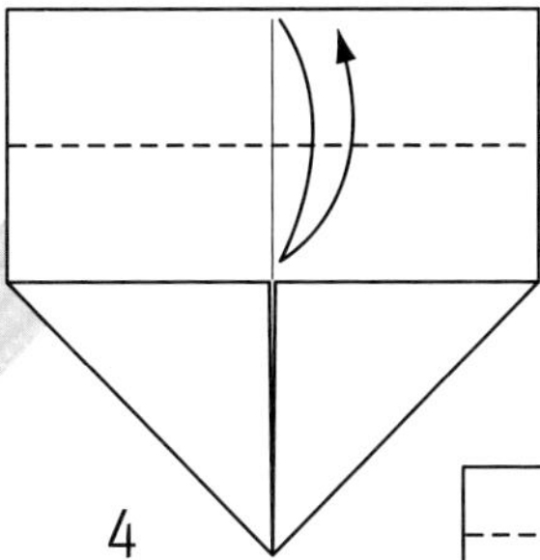

4

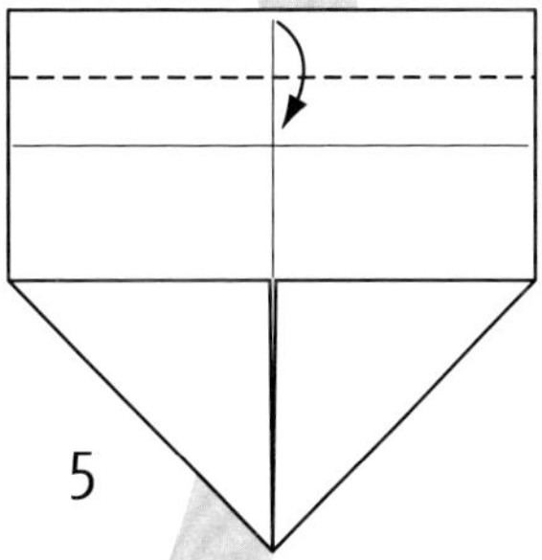

5

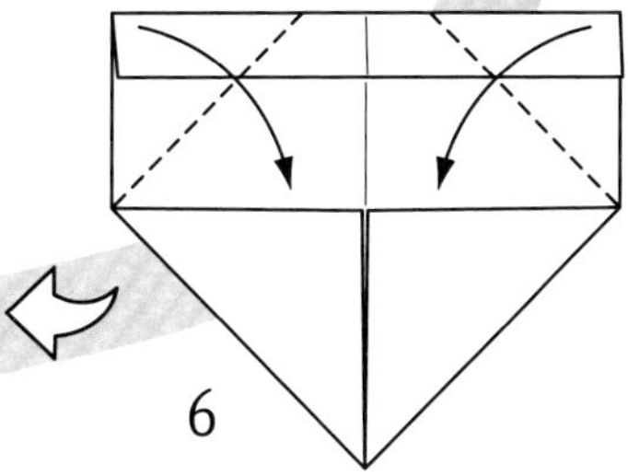

6

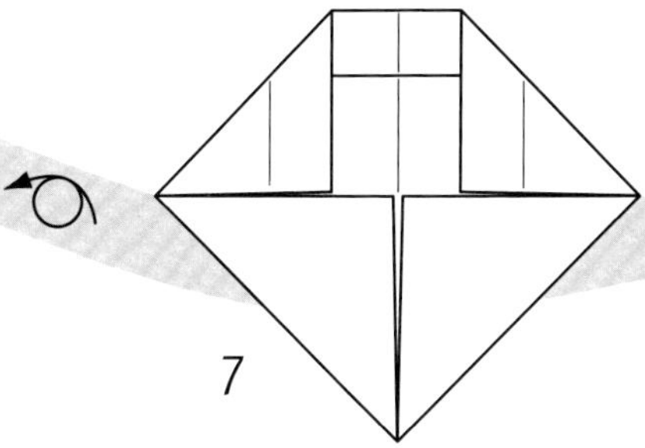

7

Hunde

Abbildung Seite 18/19

Körper

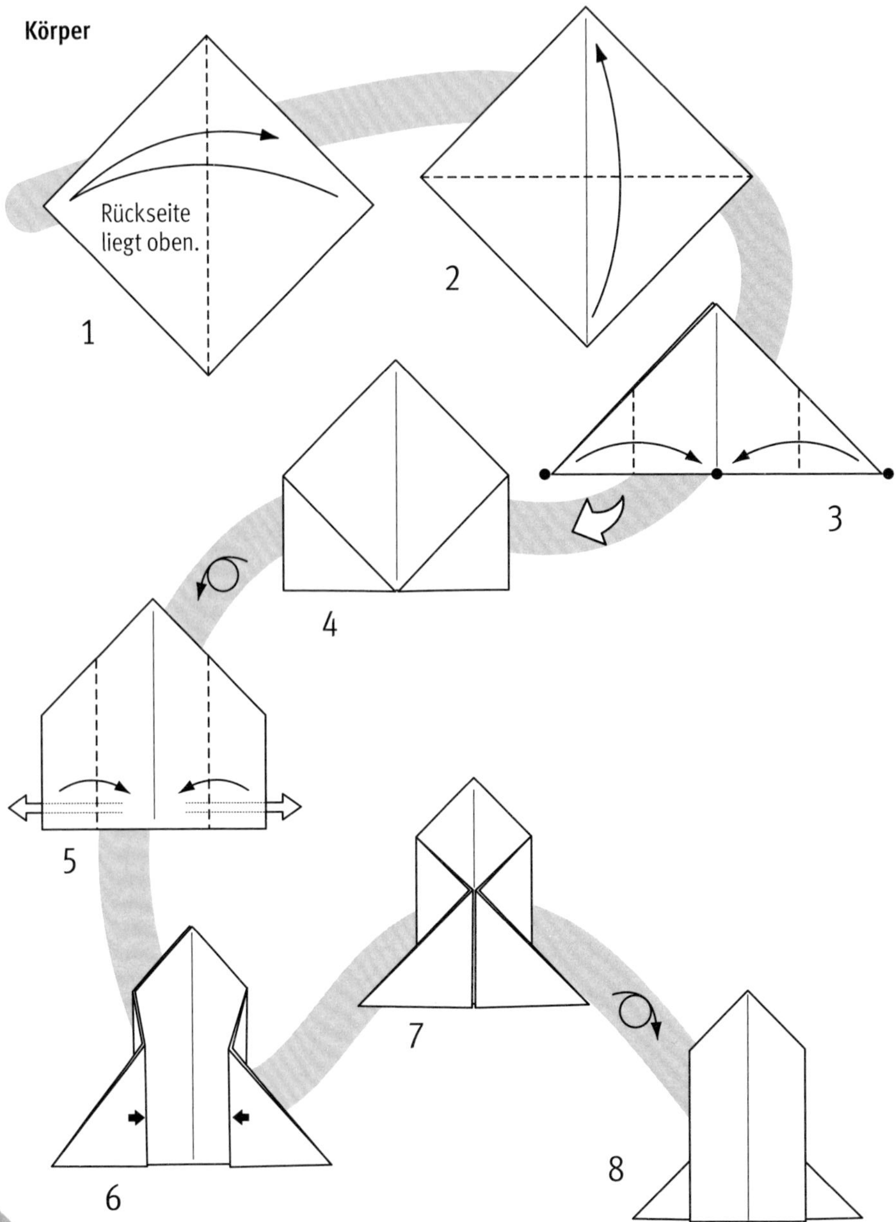

Grundform des Kopfes

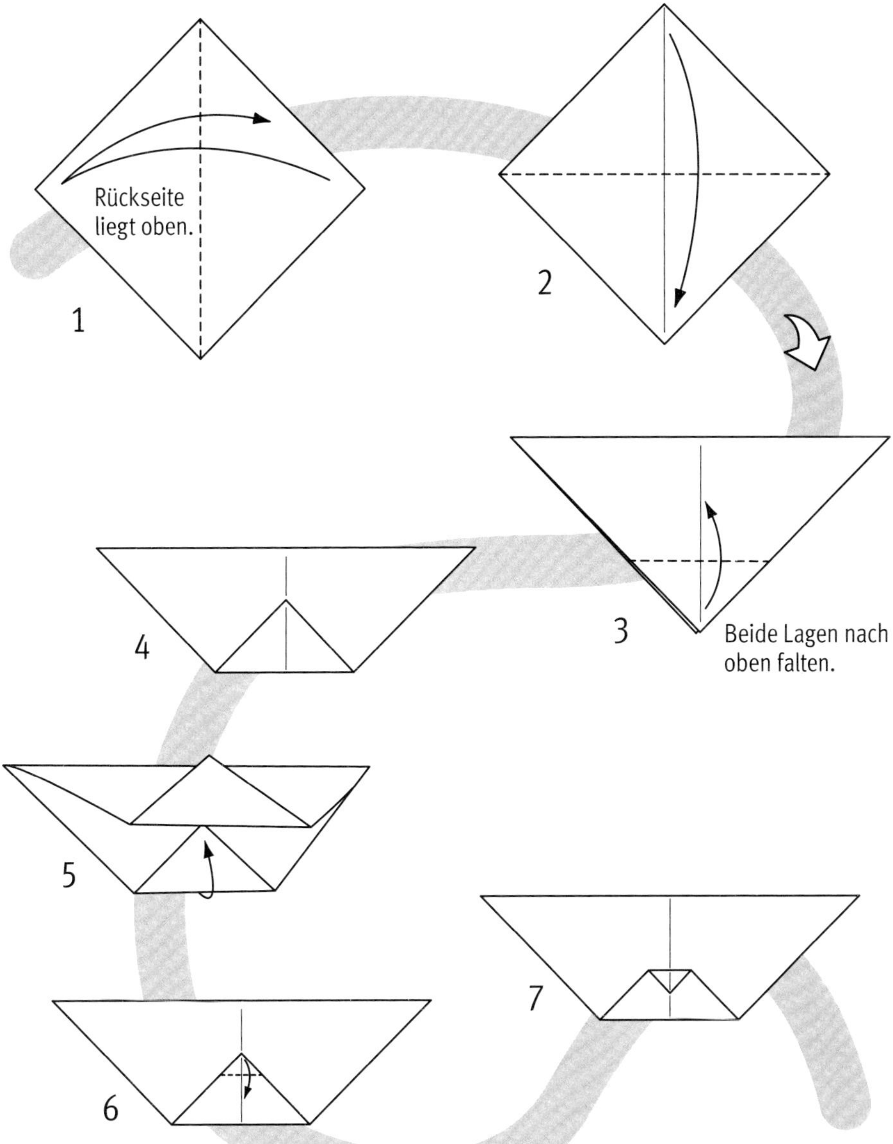

weiter auf Seite 14/15

Kopfform 1

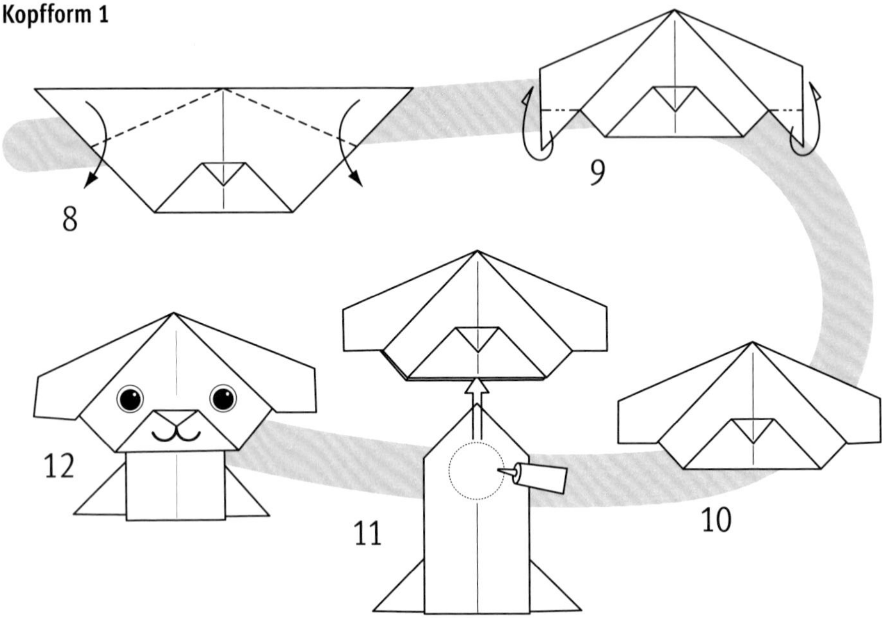

Kopfform 2

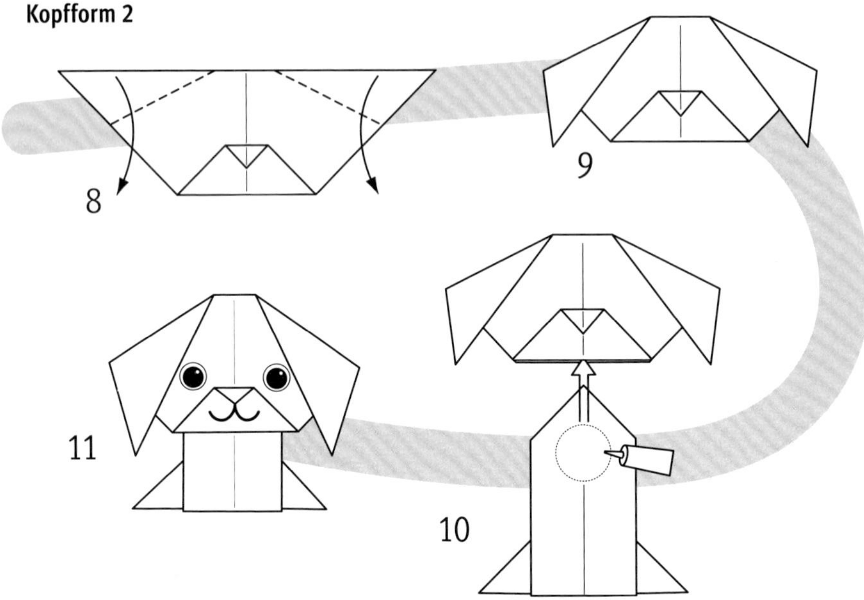

Kopfform 3

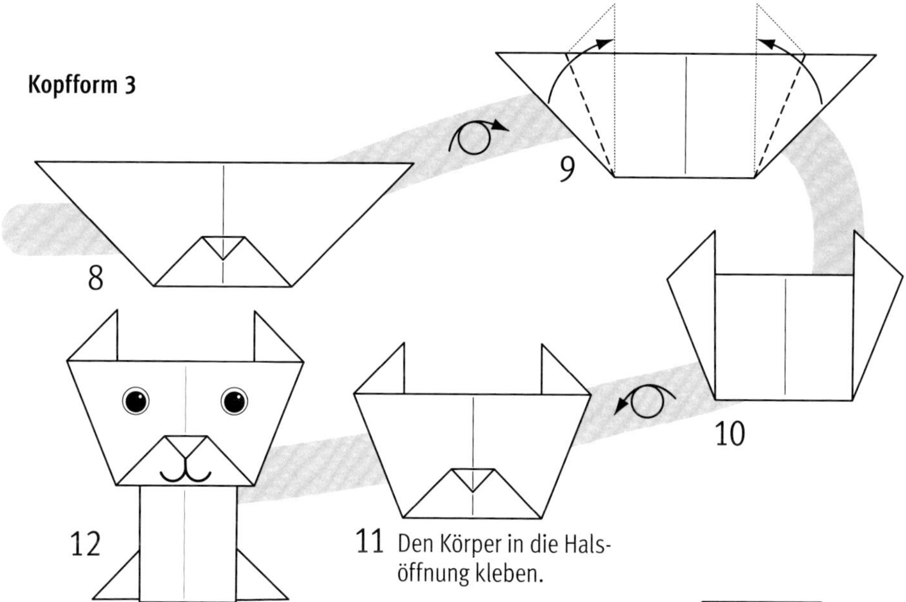

Kopfform 4

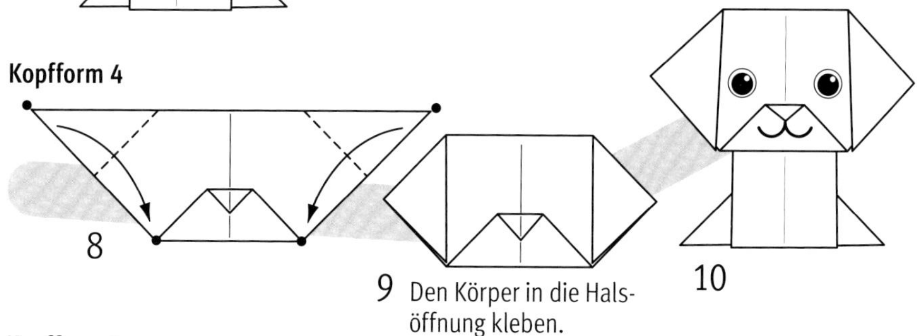

Kopfform 5

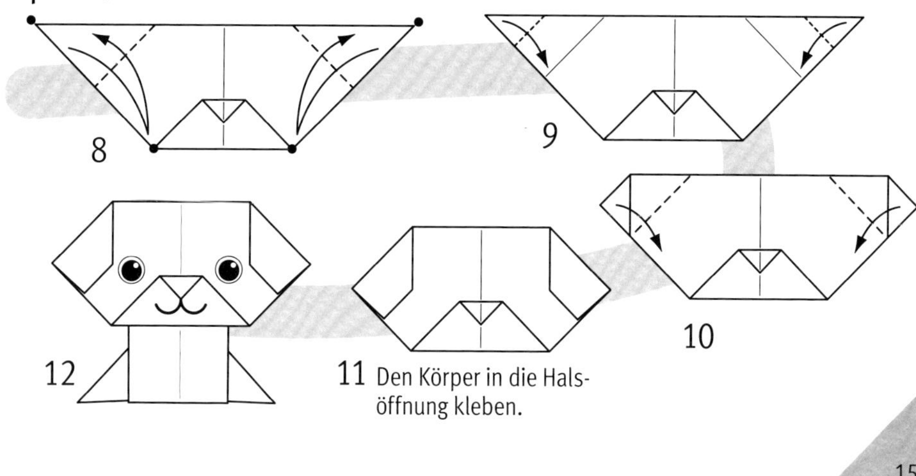

Weltraum

Abbildung Seite 20/21

Rakete

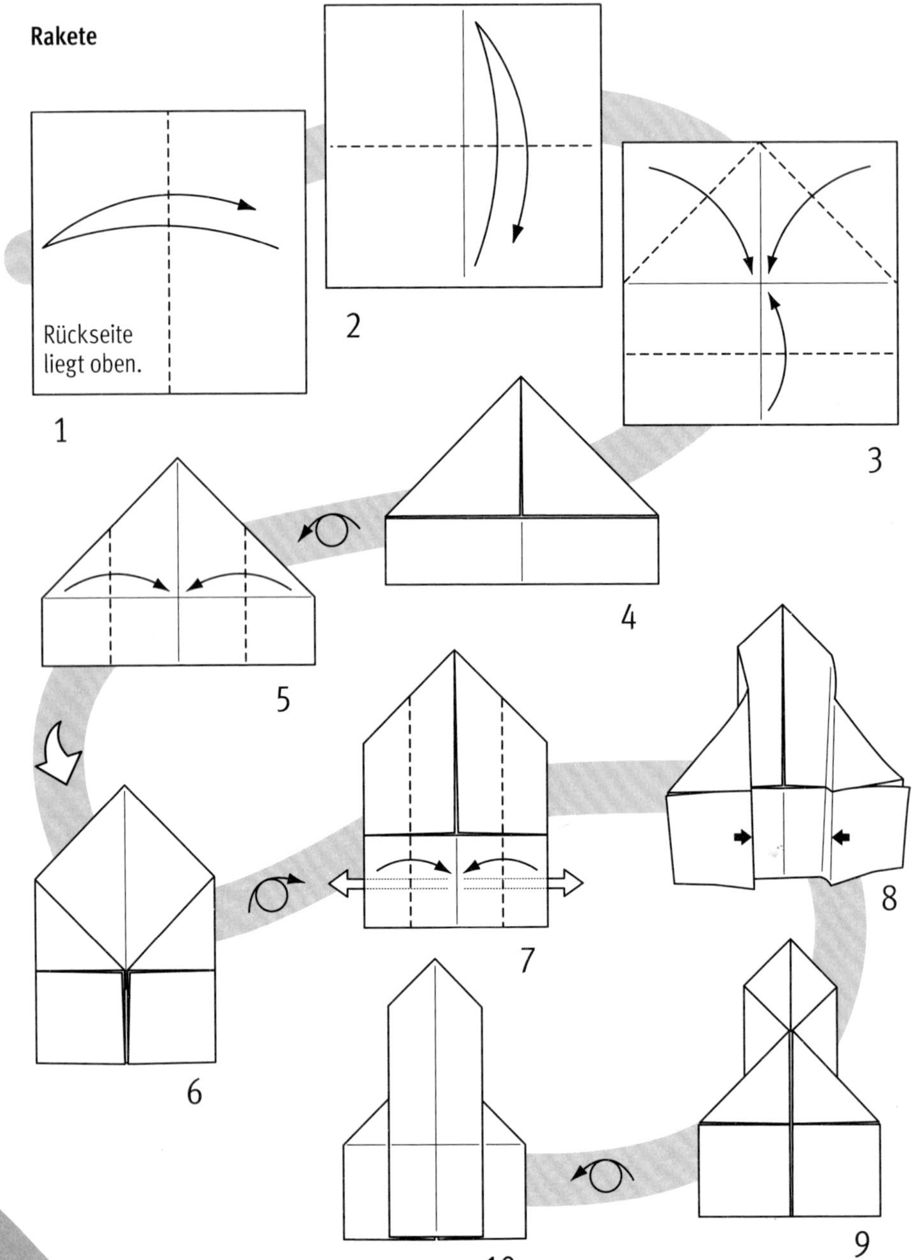

Ufo

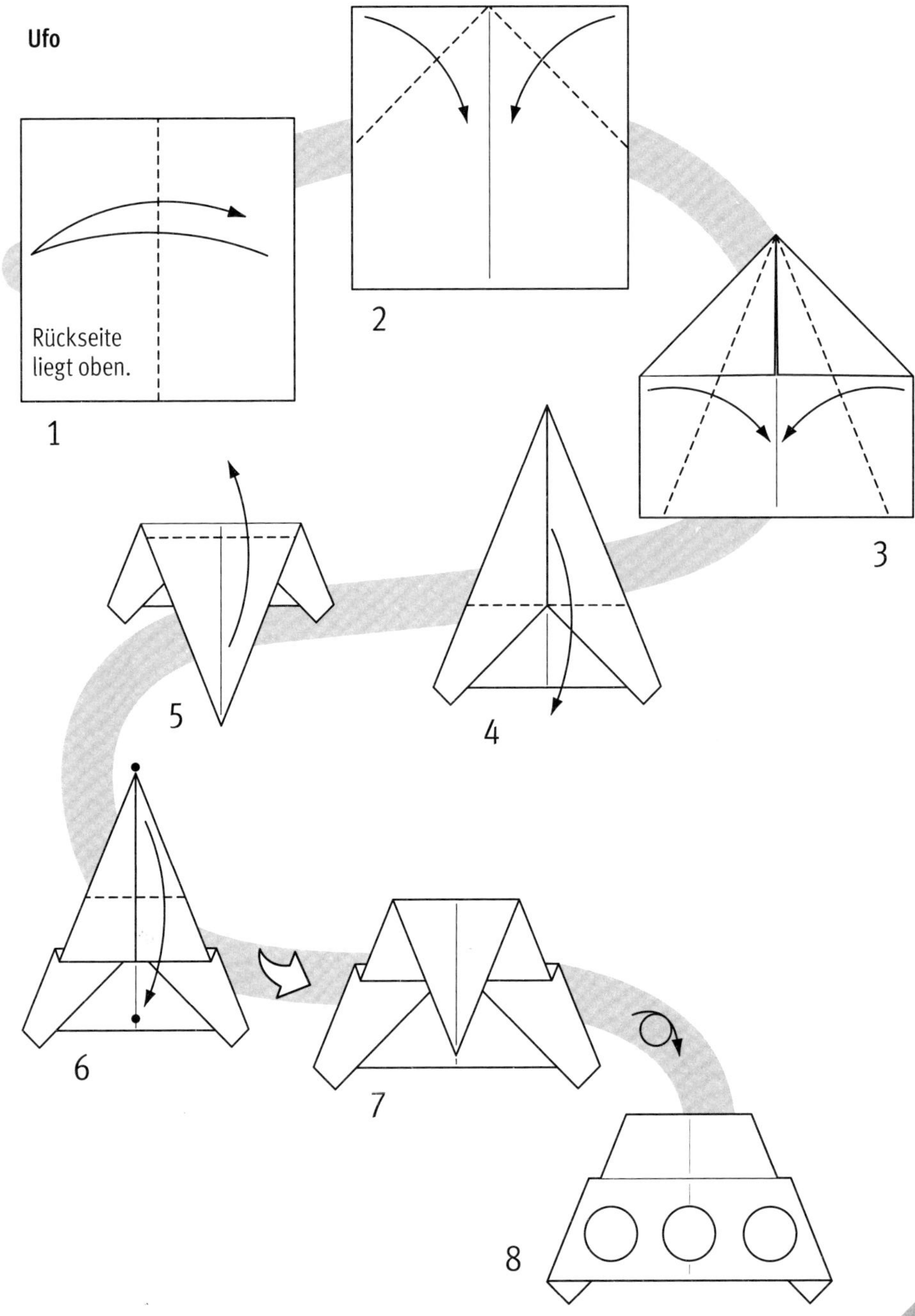

Elefanten

Abbildung Seite 22/23

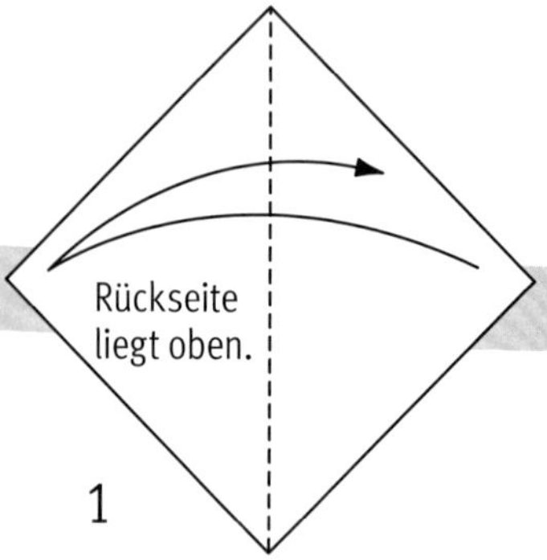

1

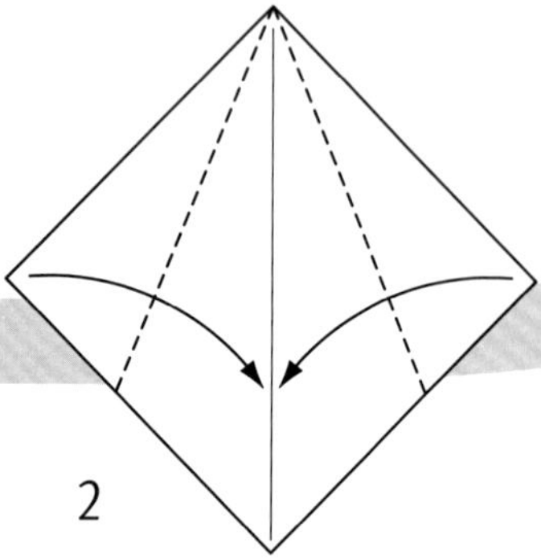

2

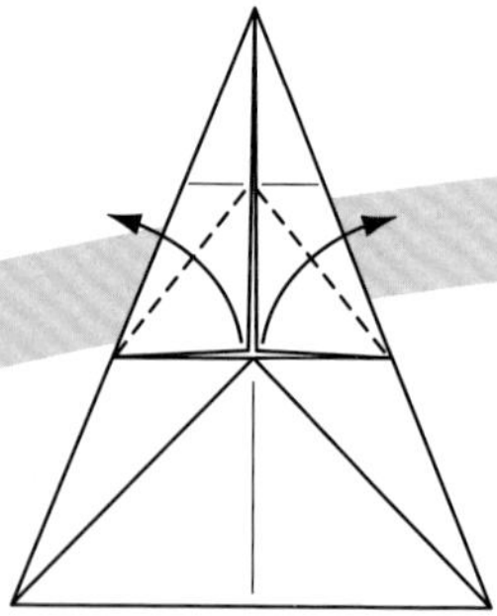

8

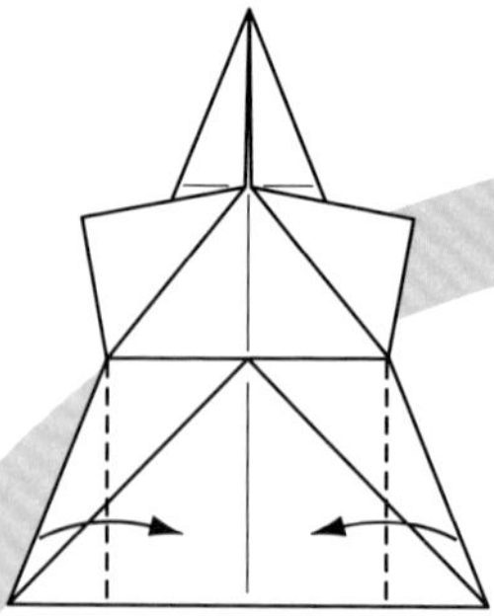

9

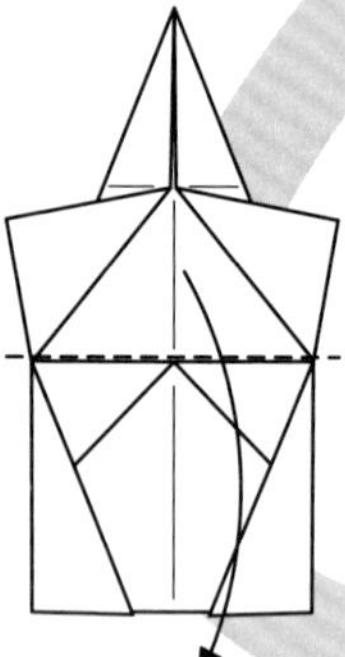

10

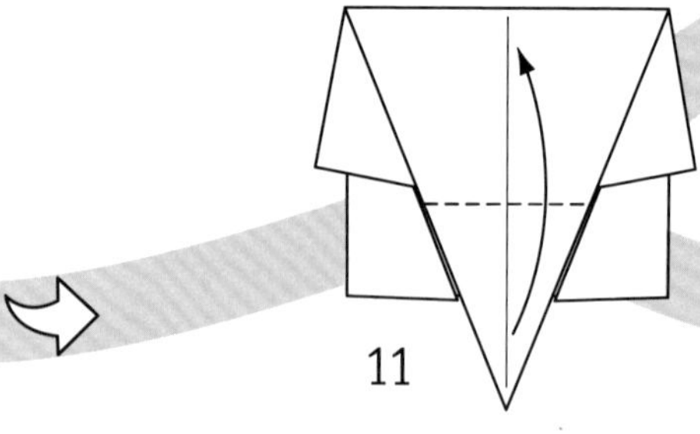

11

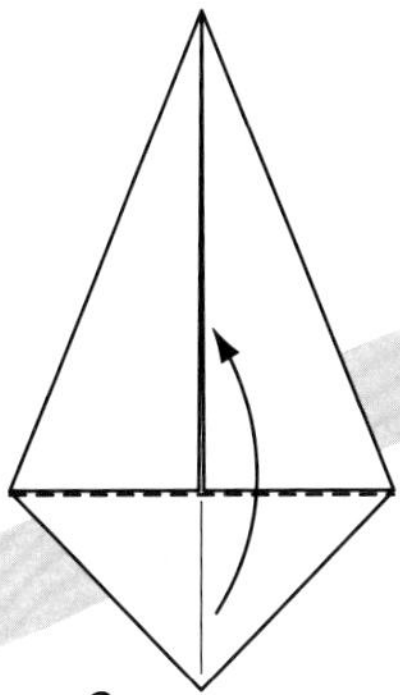
3

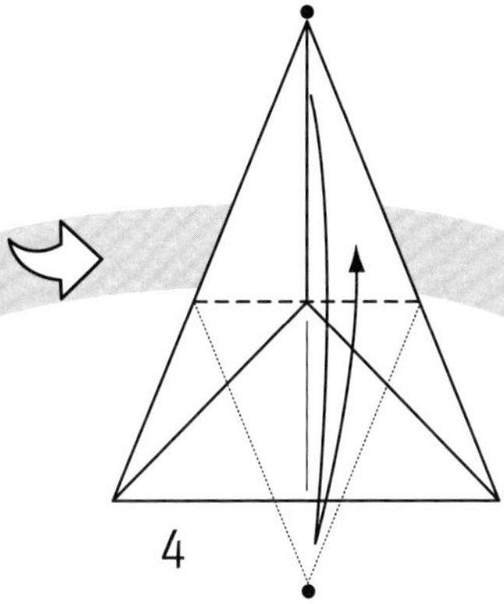
4

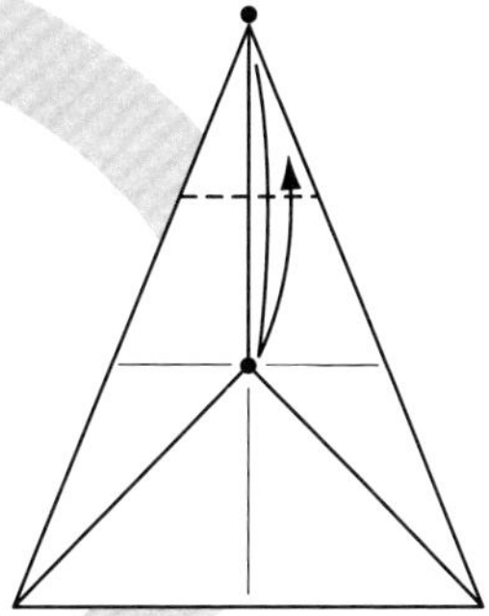
5

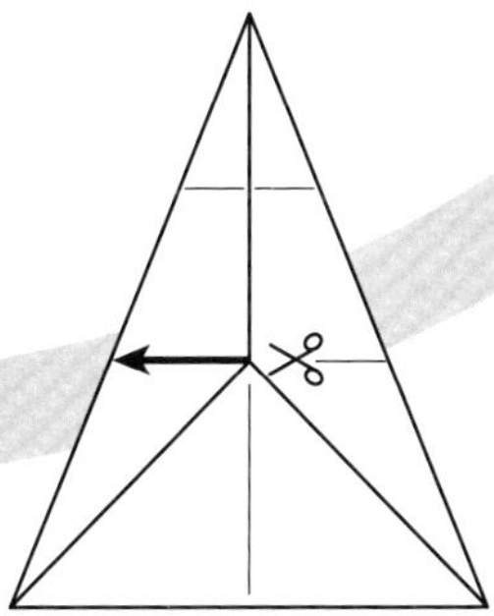
6

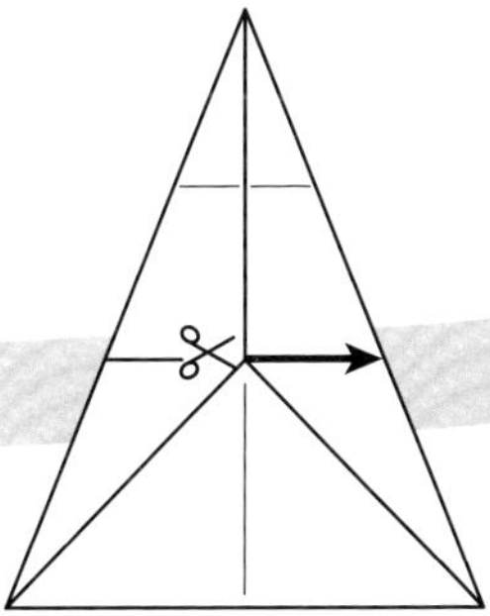
7

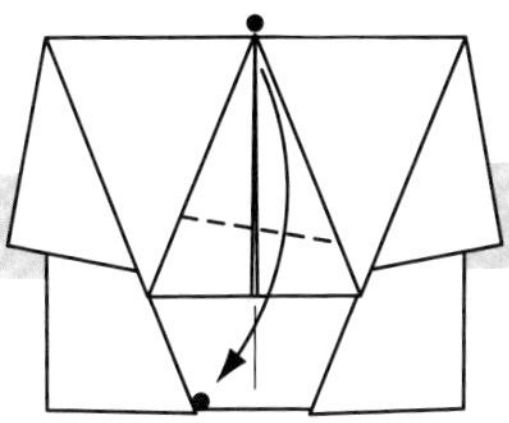
12a

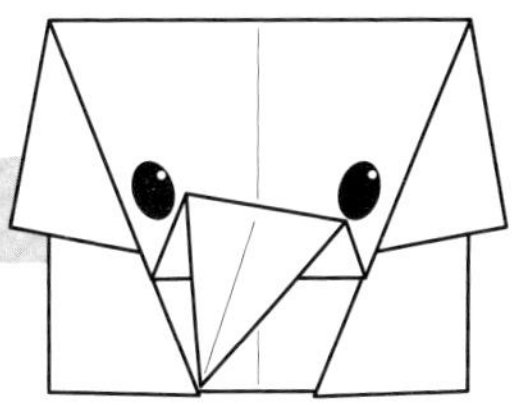
13a

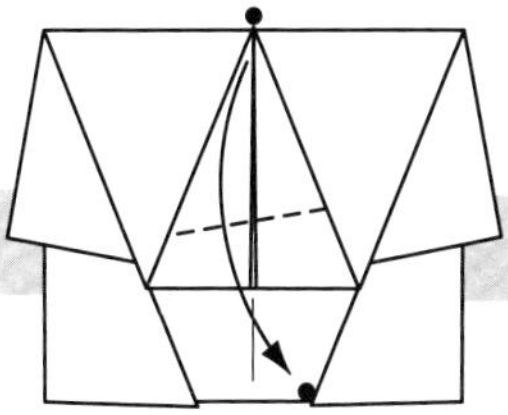
12b

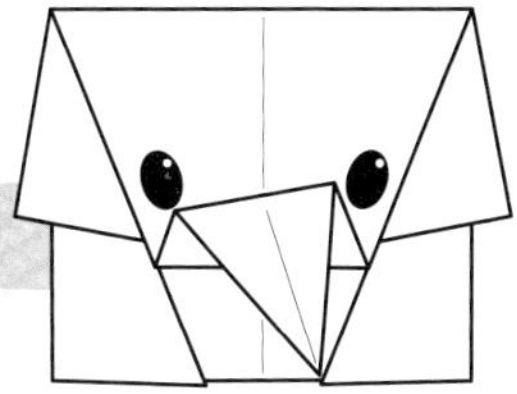
13b

Frösche

Abbildung Seite 24/25

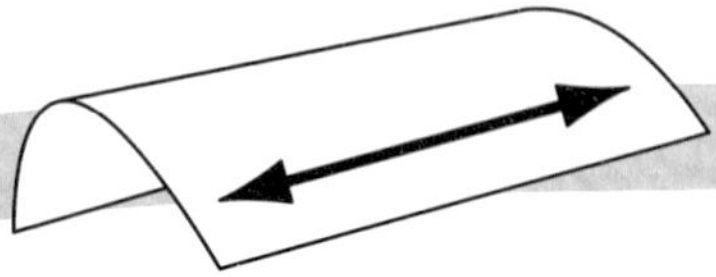

Damit der Frosch einen Salto macht, muss die Laufrichtung des Papiers berücksichtigt werden. Das Papier auf die Fingerkuppen legen, die Wölbung beachten und der Zeichnung entsprechend für den ersten Faltschritt hinlegen.

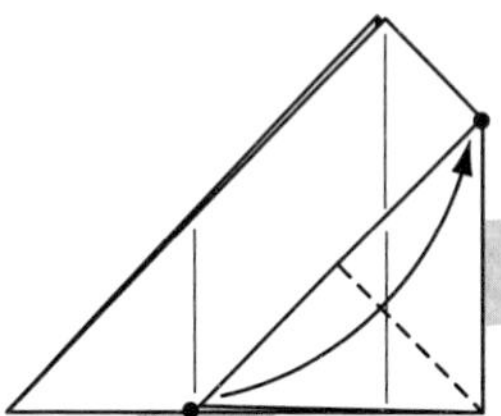

7

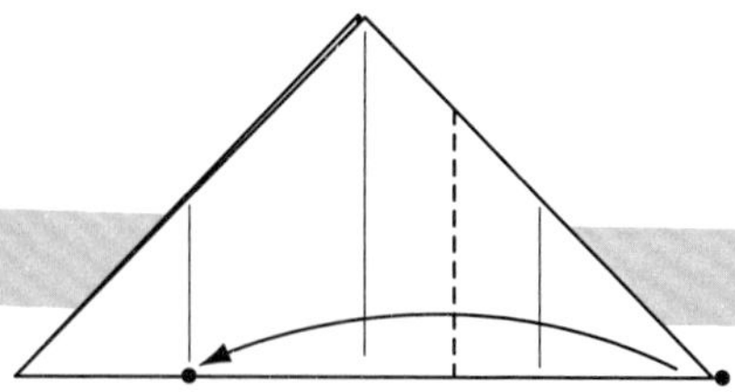

6

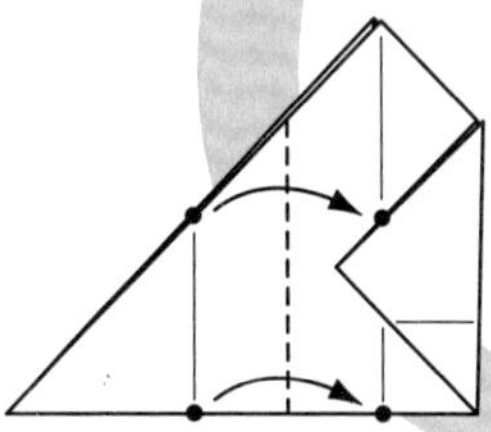

8

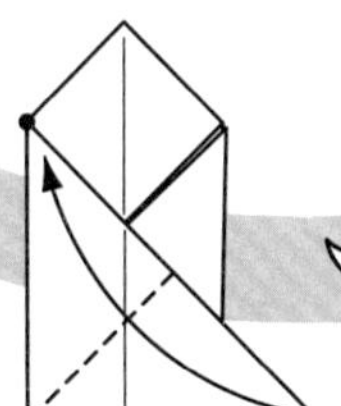

9

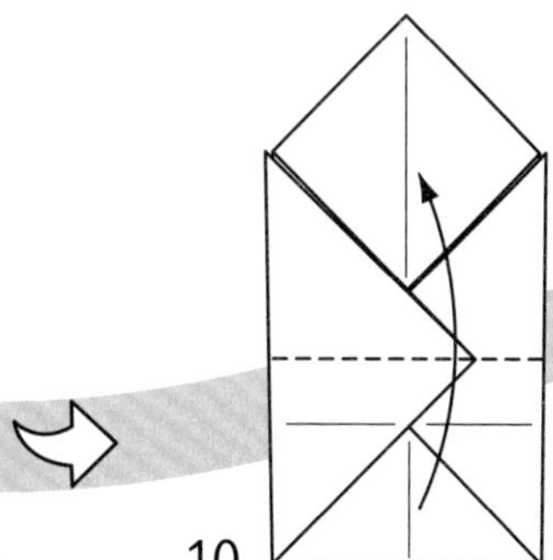

10

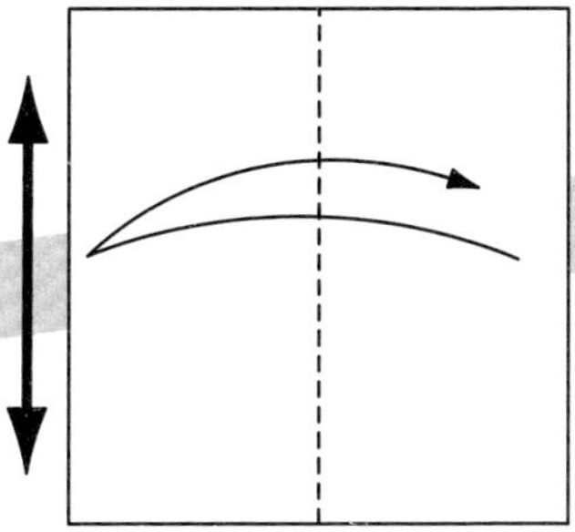

1

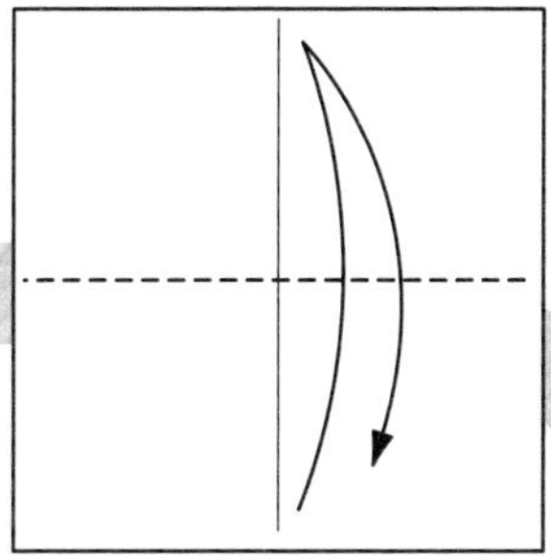

2

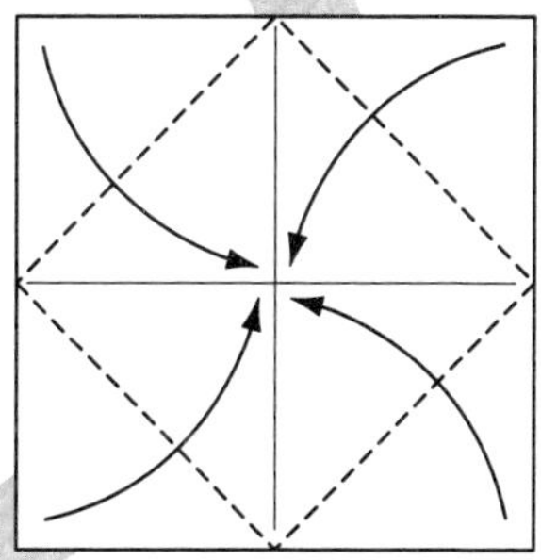

3

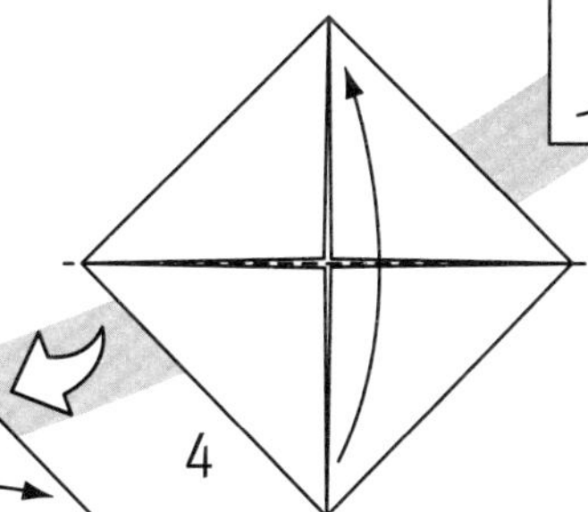

4

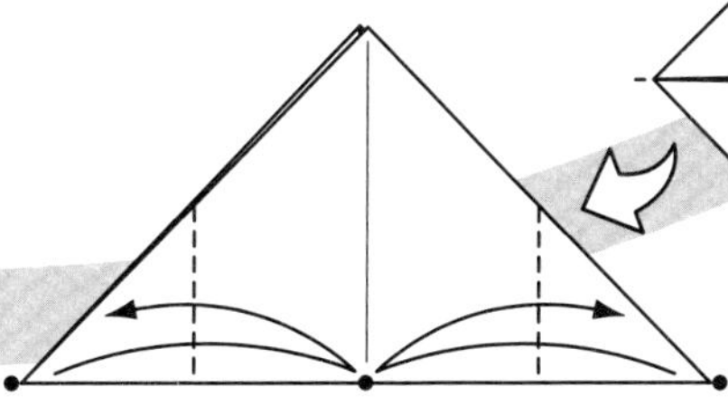

5

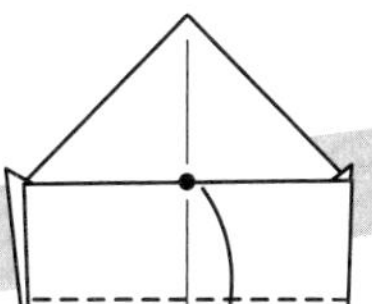

11

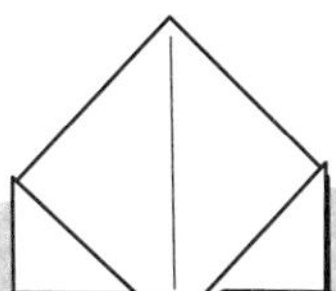

12

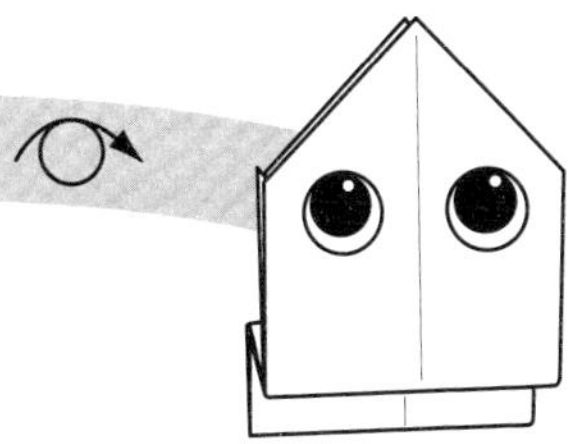

13

Fledermäuse

Abbildung Seite 26/27

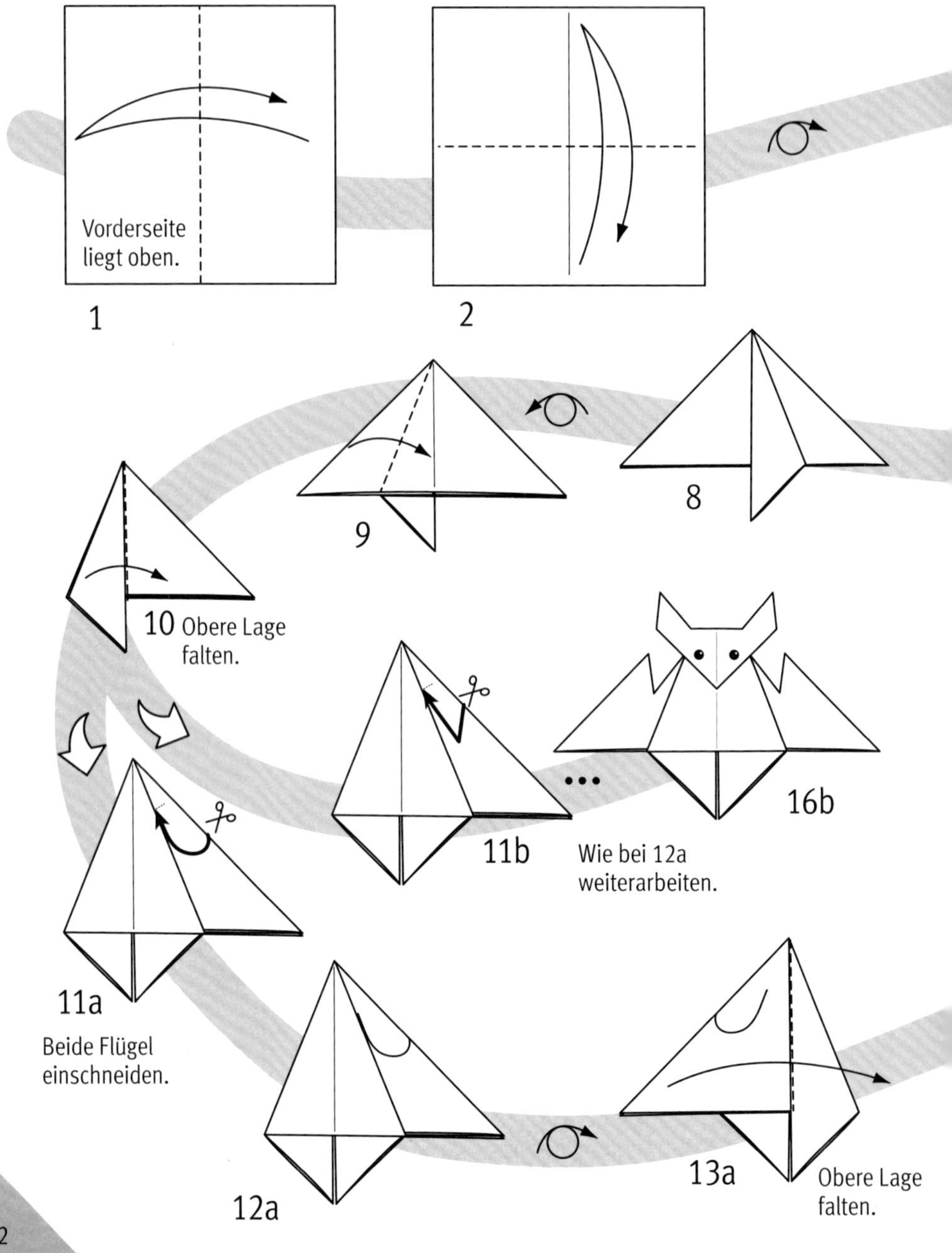

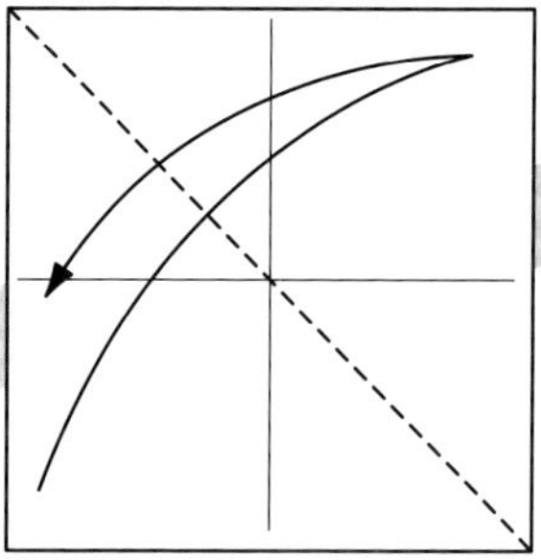
3

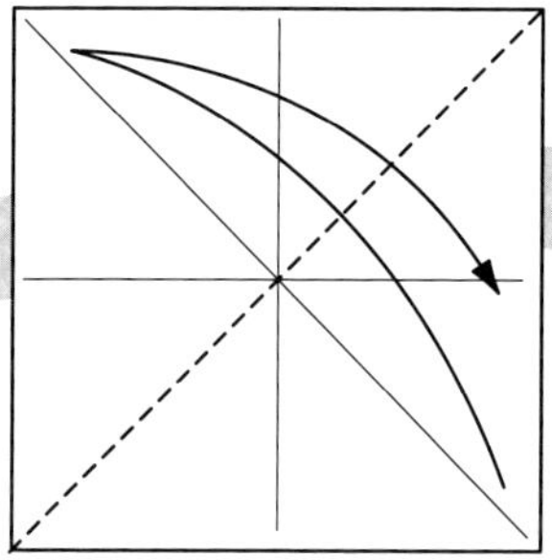
4

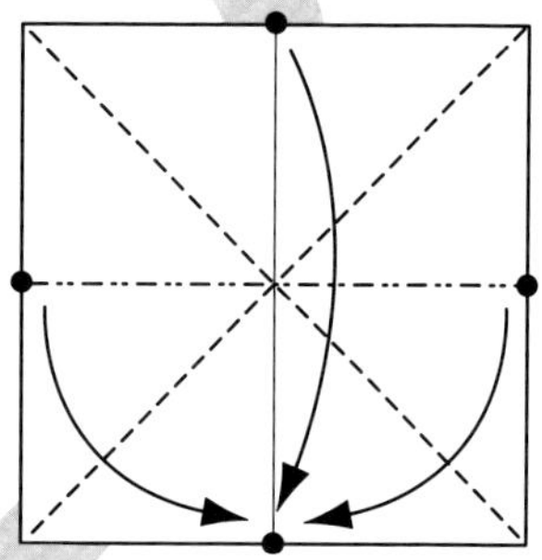
5

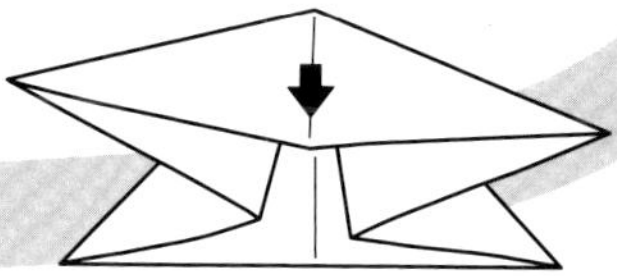
6

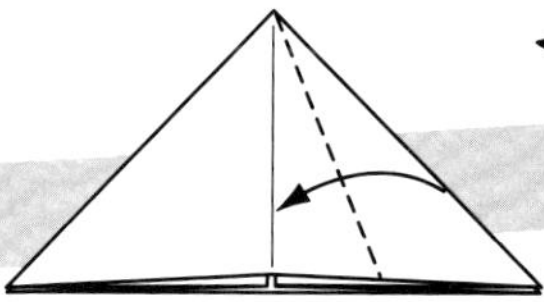
7 Obere Lage falten.

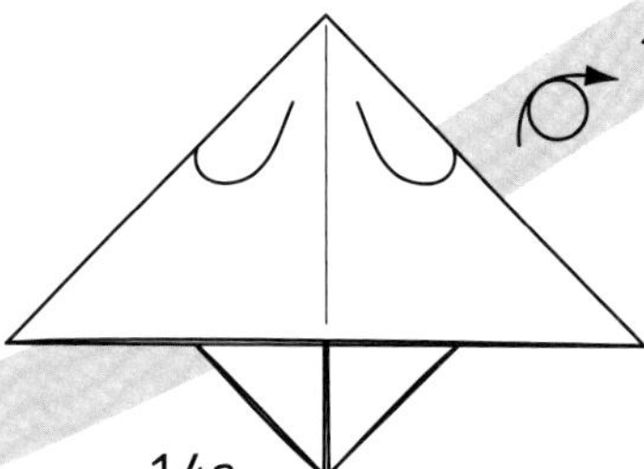
14a

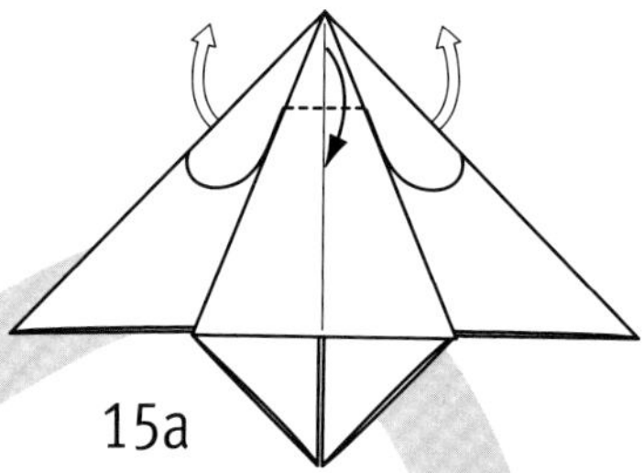
15a

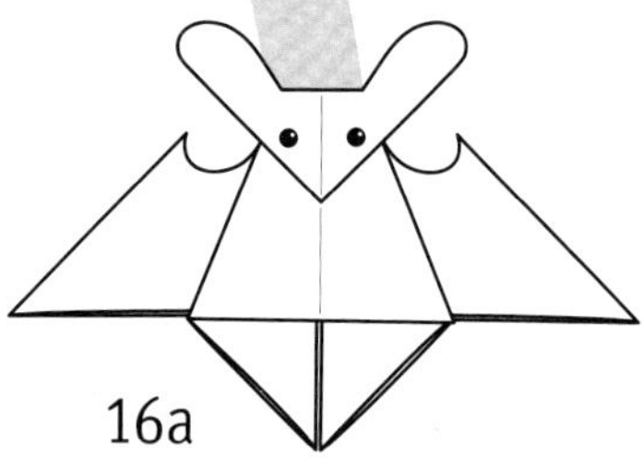
16a

Dinosaurier

Abbildung Seite 28/29

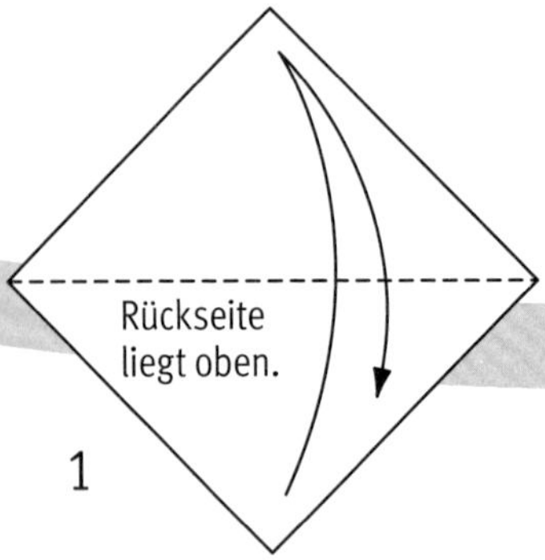

1

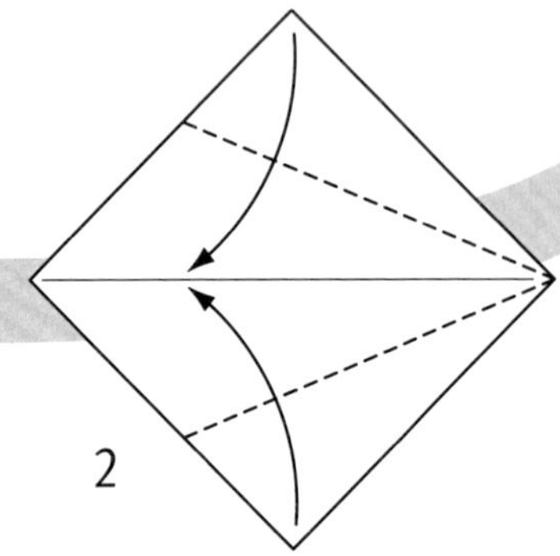

2

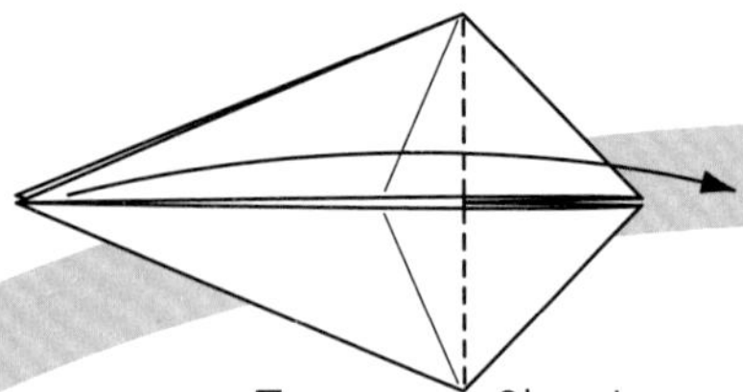

7 Obere Lage falten.

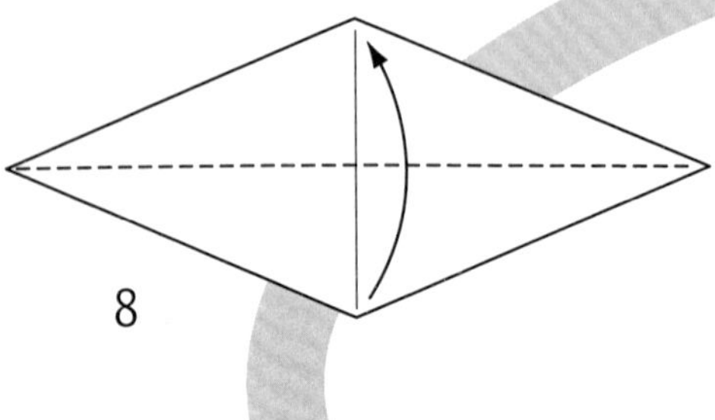

8

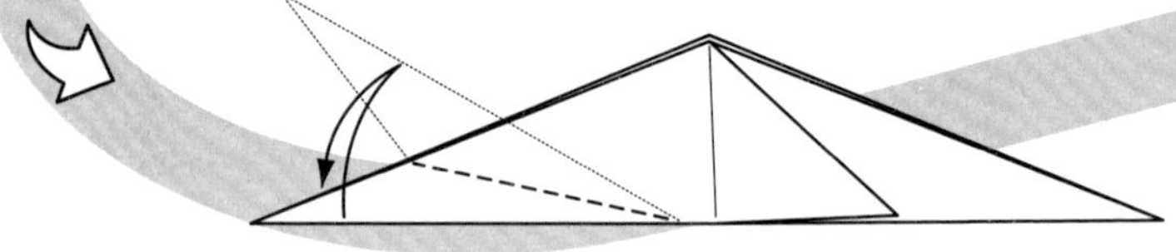

9 Falzkante mit dem Fingernagel fest nachziehen.

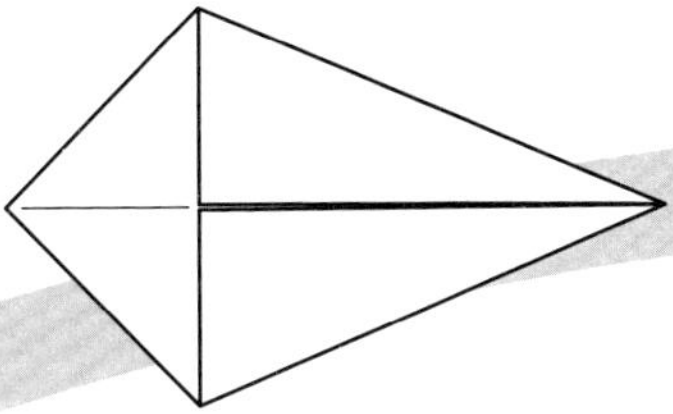

3

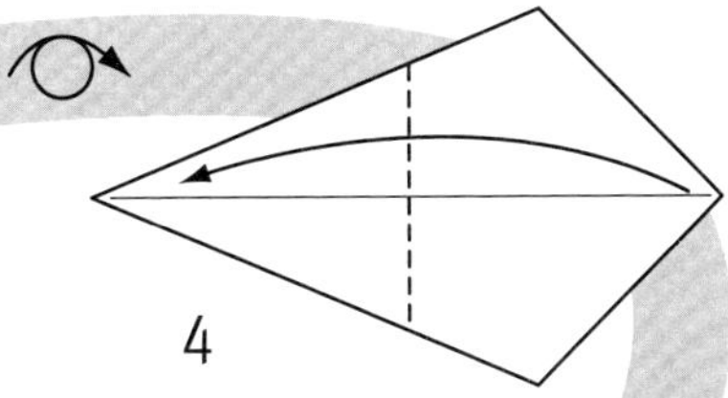

4

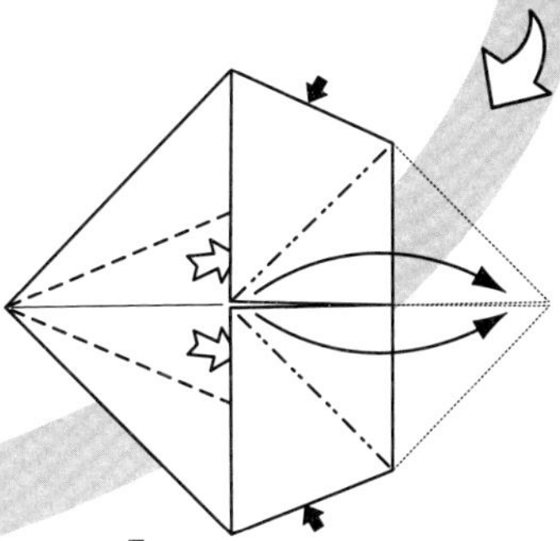

5

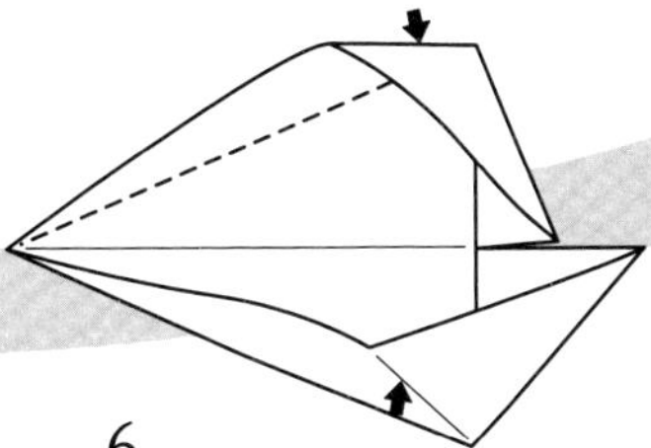

6

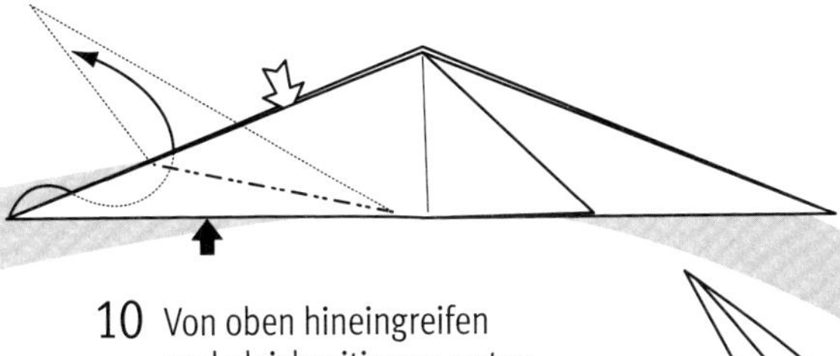

10 Von oben hineingreifen und gleichzeitig von unten eindrücken.

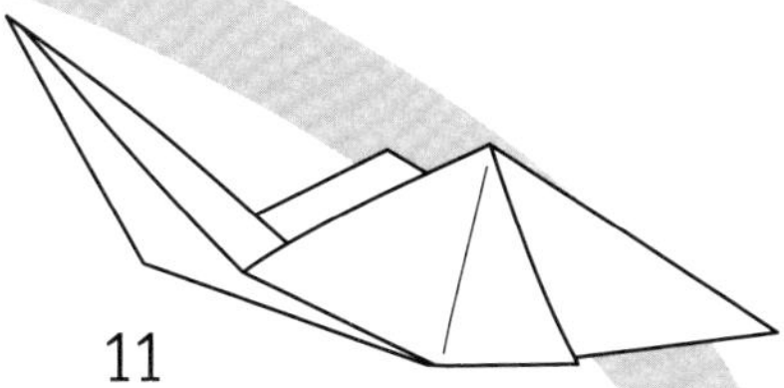

11

weiter auf Seite 26/27

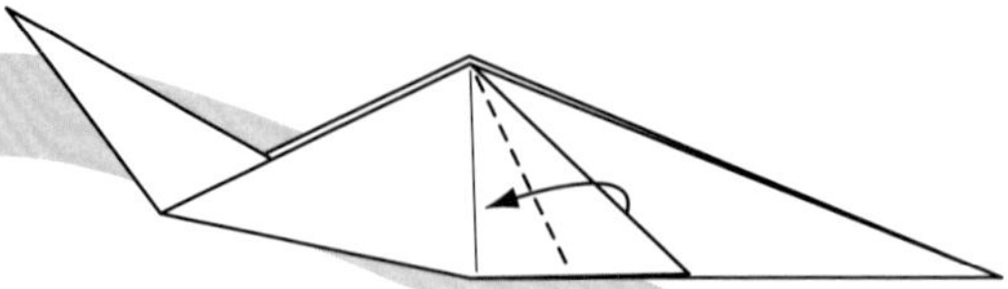

12

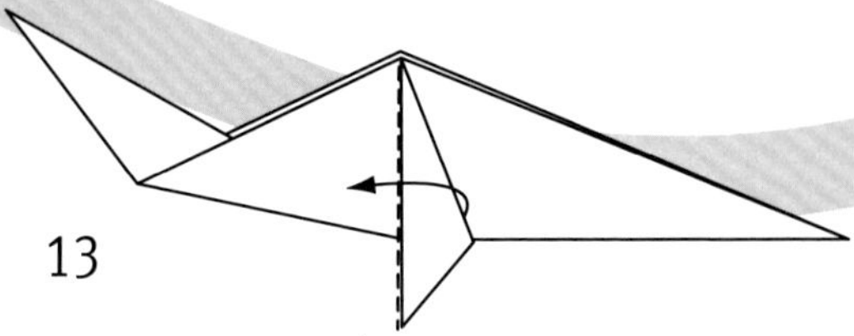

13

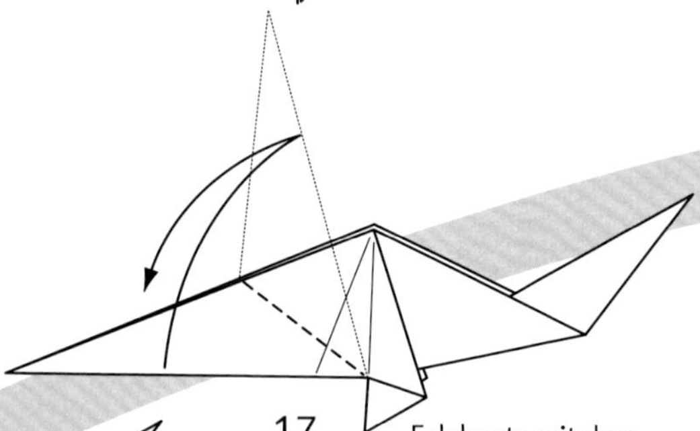

17

Falzkante mit dem Fingernagel fest nachziehen.

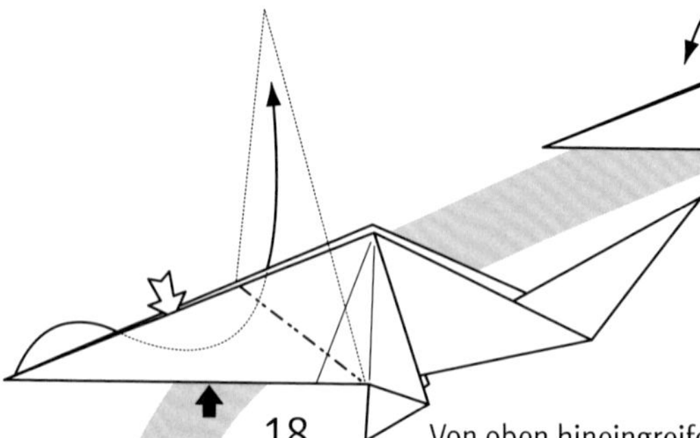

18

Von oben hineingreifen und gleichzeitig von unten eindrücken.

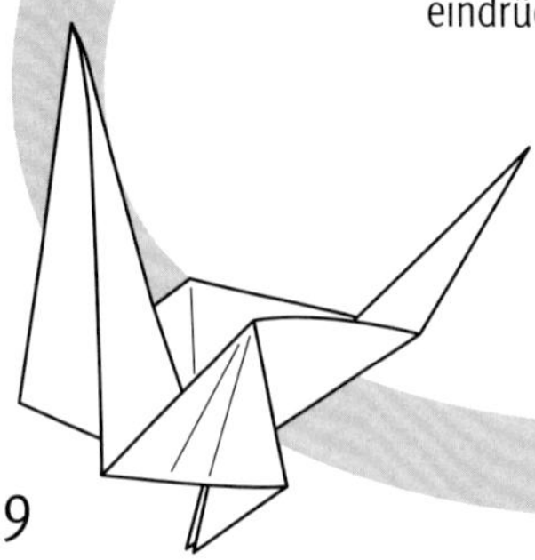

19

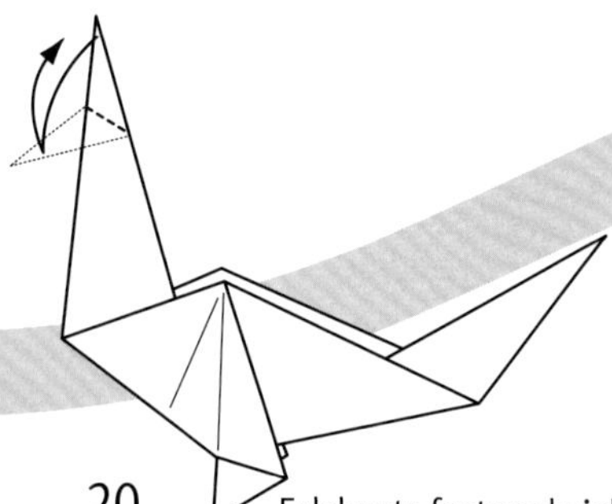

20

Falzkante fest nachziehen.

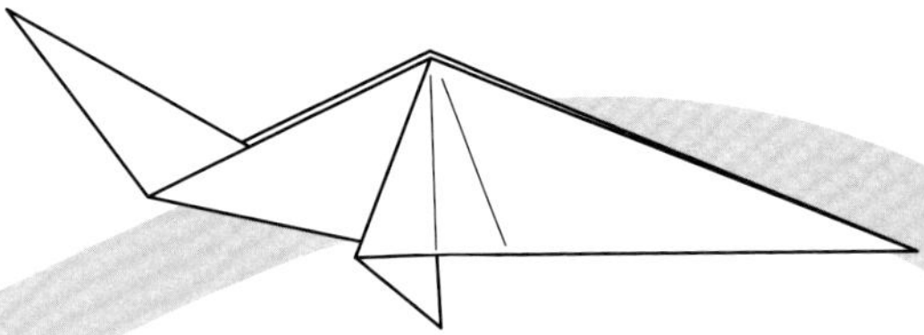

14

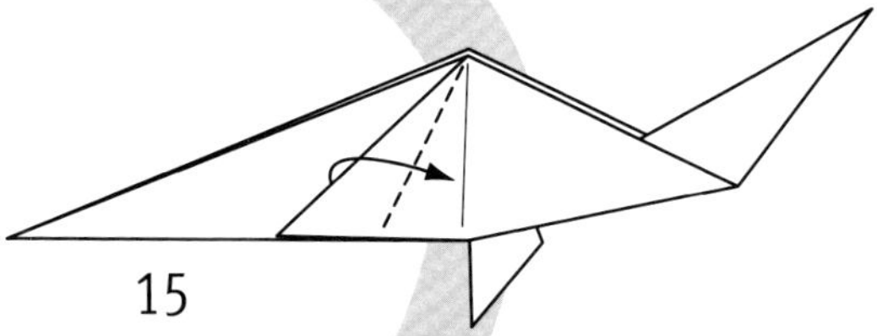

15

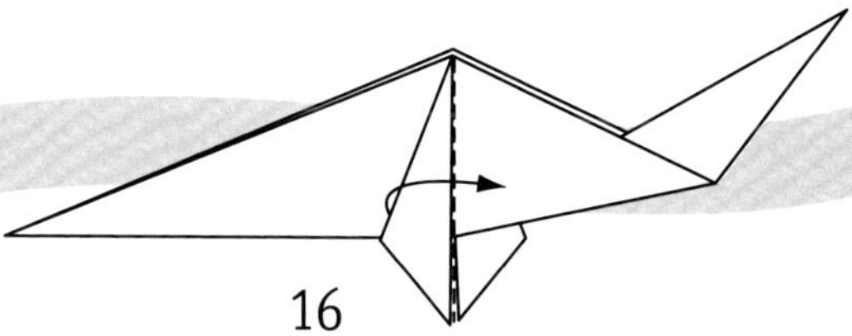

16

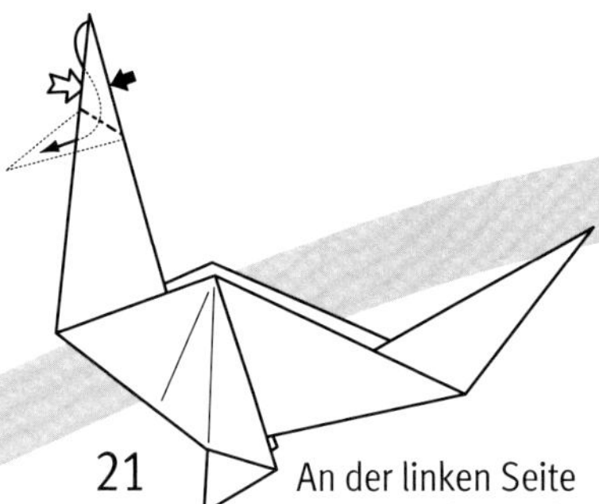

21

An der linken Seite hineingreifen und gleichzeitig von rechts eindrücken.

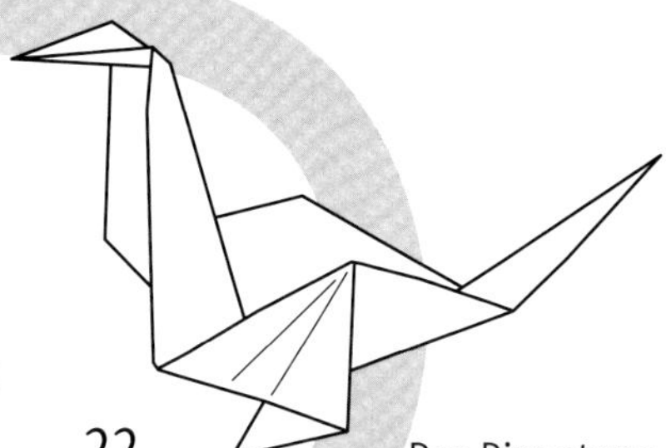

22

Den Dino etwas auseinanderziehen, damit er sicher stehen kann.

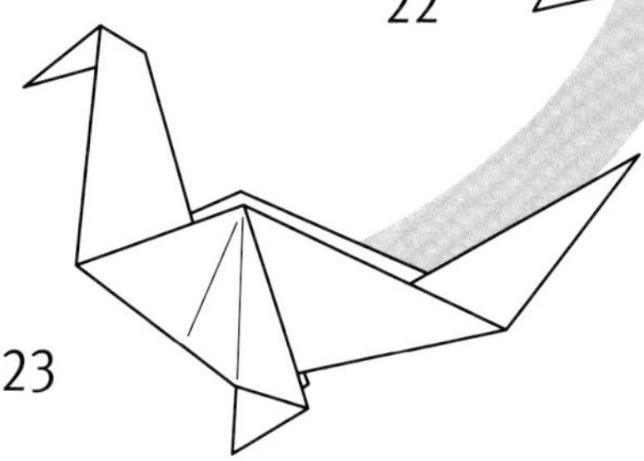

23

Rentiere

Abbildung Seite 30/31

Körper

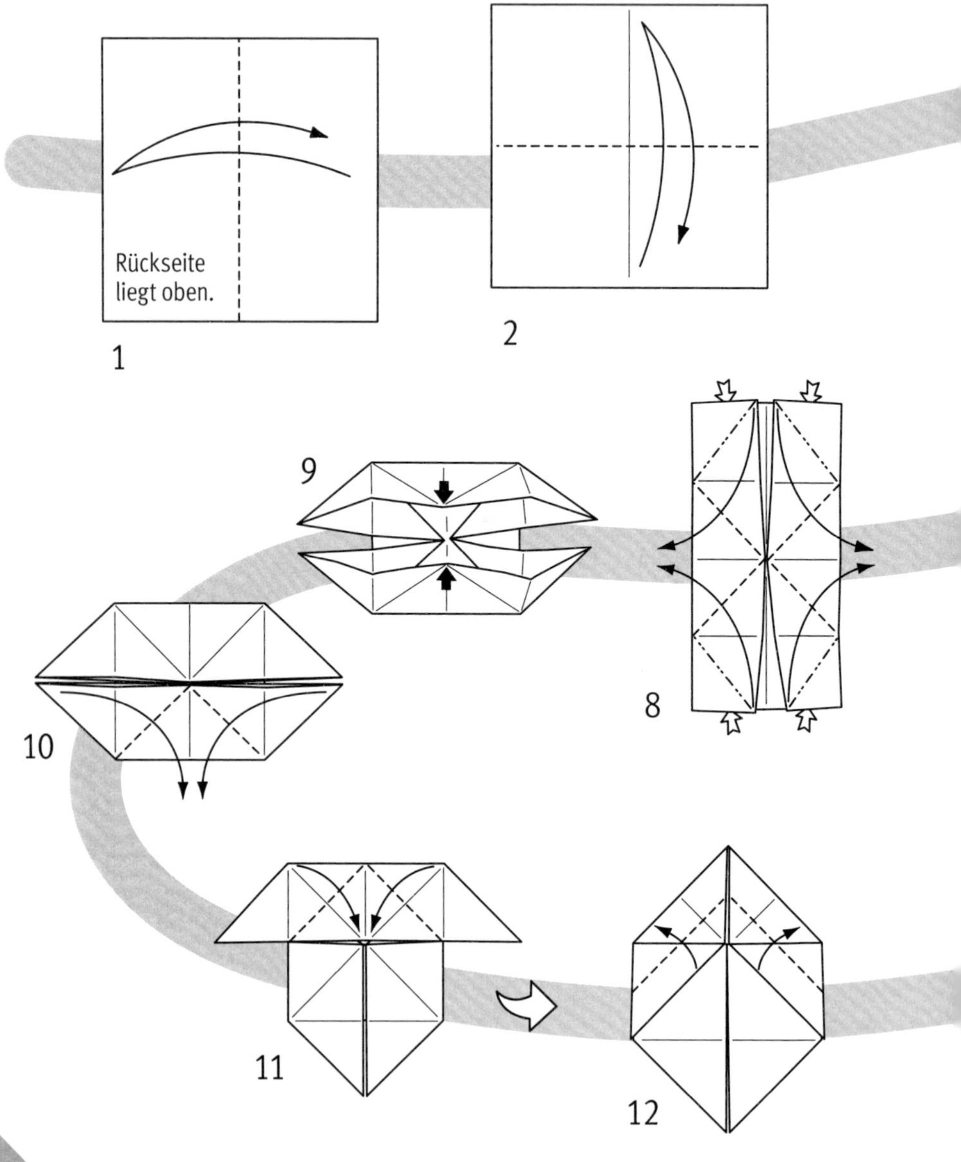

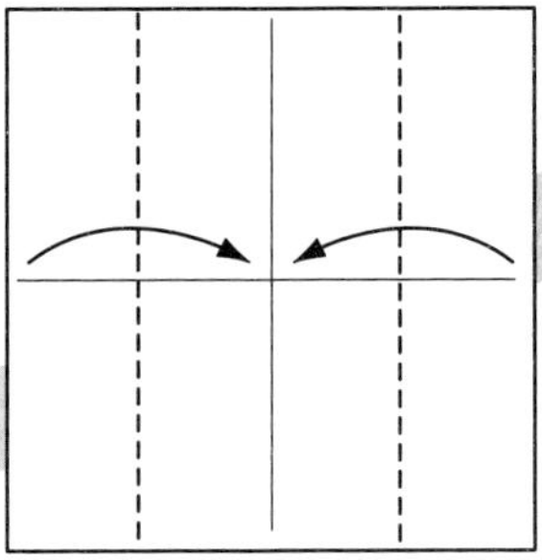

3

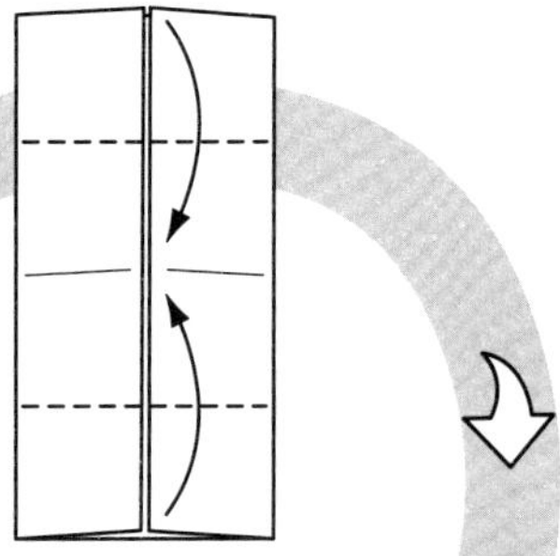

4

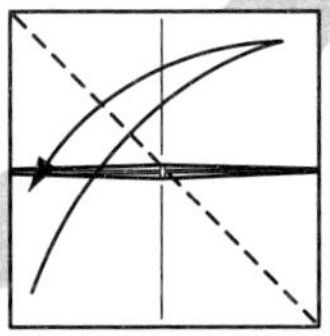

5

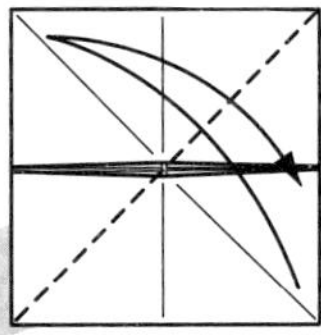

6

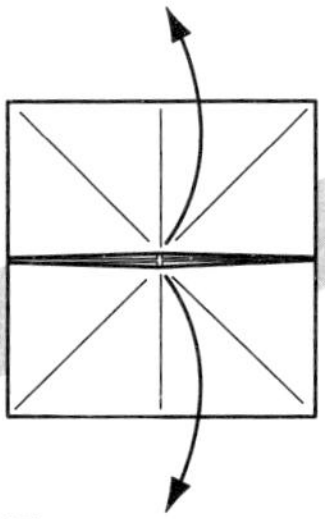

7 Entfalten.

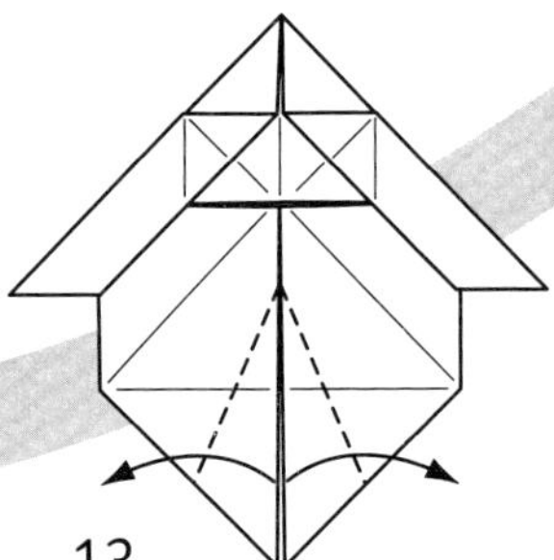

13

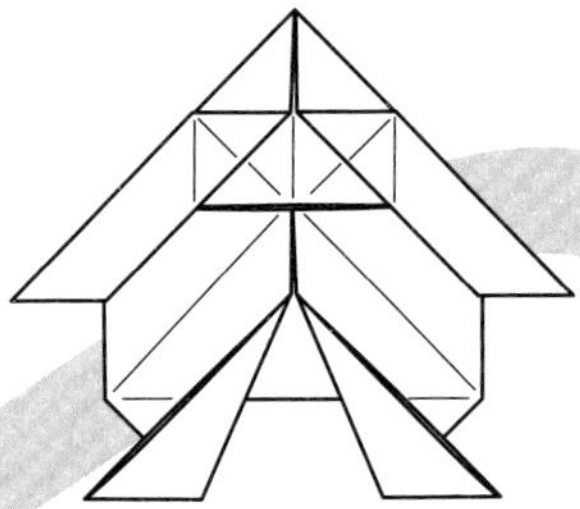

14

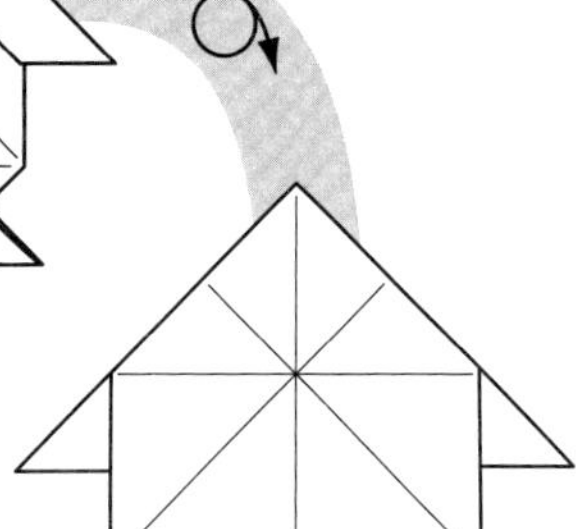

15

weiter auf Seite 30/31

Kopf

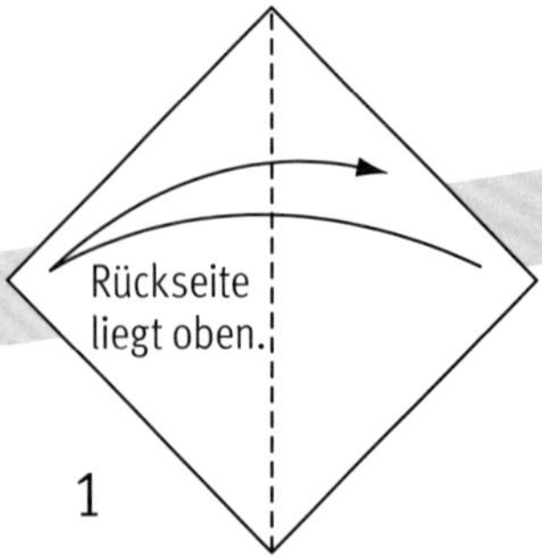

1

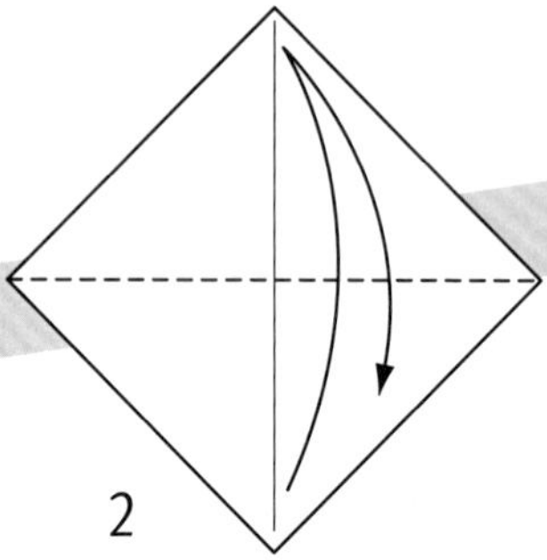

2

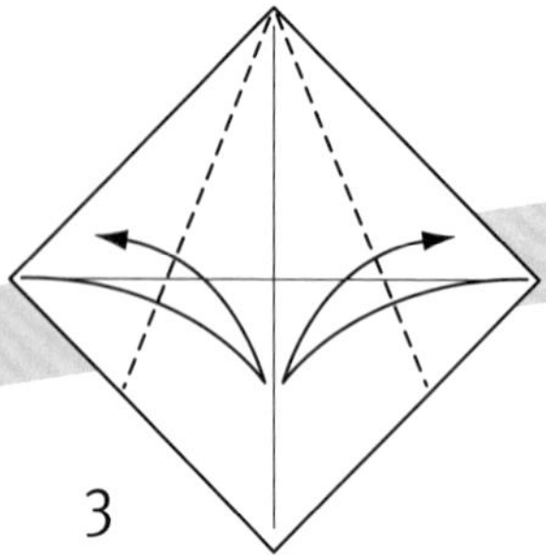

3

Wichtig für alle Schritte:
Falzkanten fest nachziehen.

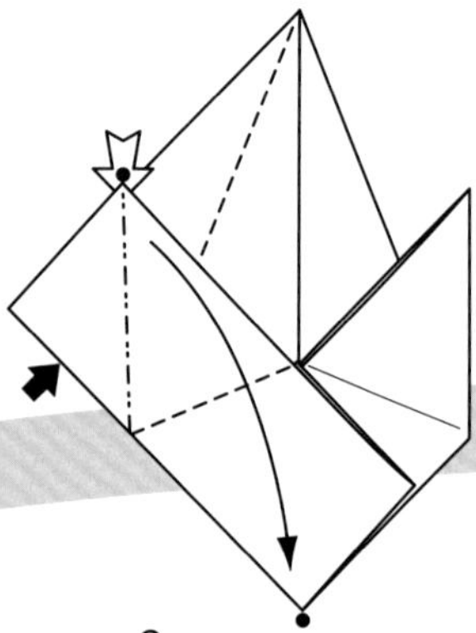

9 Oben hineingreifen und gleichzeitig von links drücken.

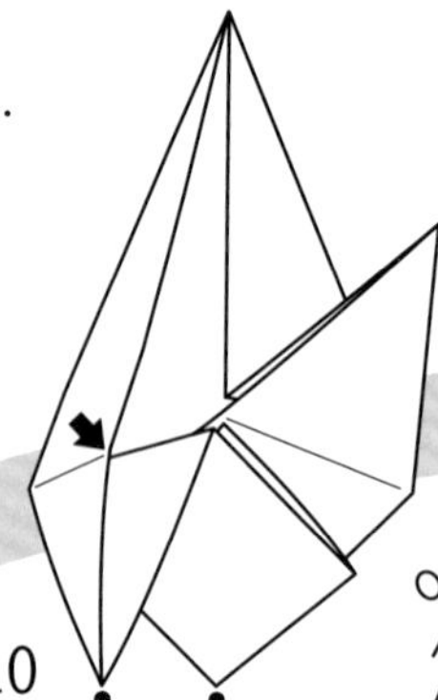

10

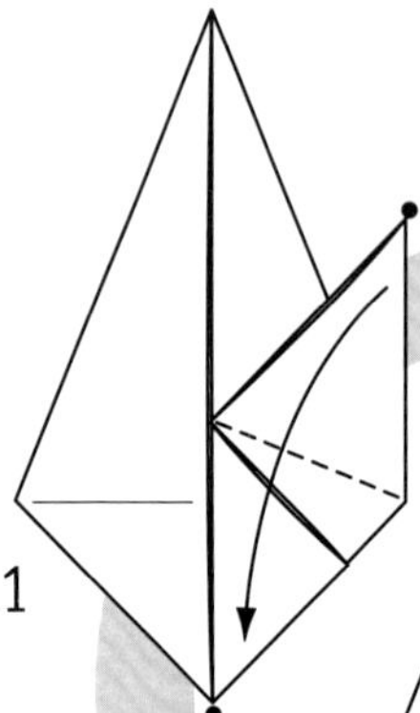

11

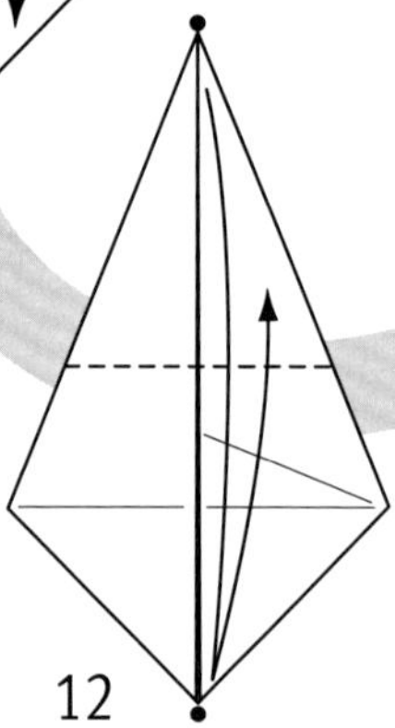

12

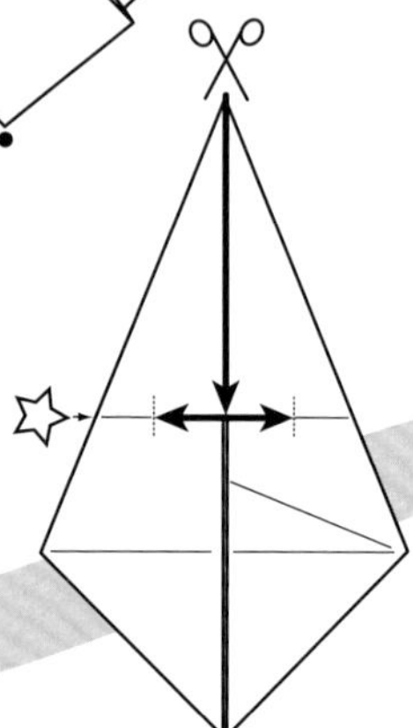

13 Von oben bis zur Linie mit Stern einschneiden, dann diese Linie von der Mitte aus nach links und rechts bis zur Markierung einschneiden (beide Lagen).

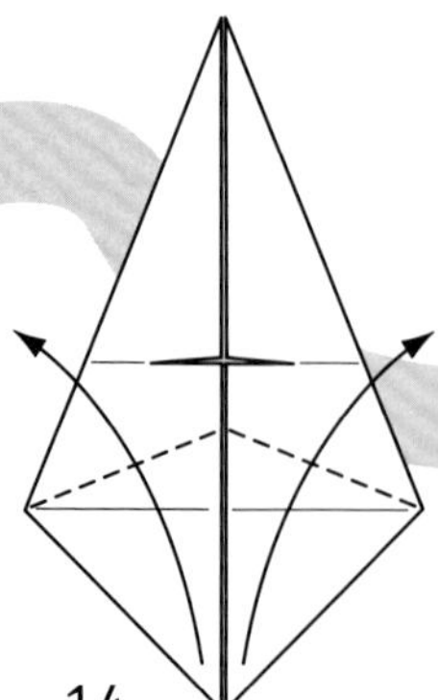

14

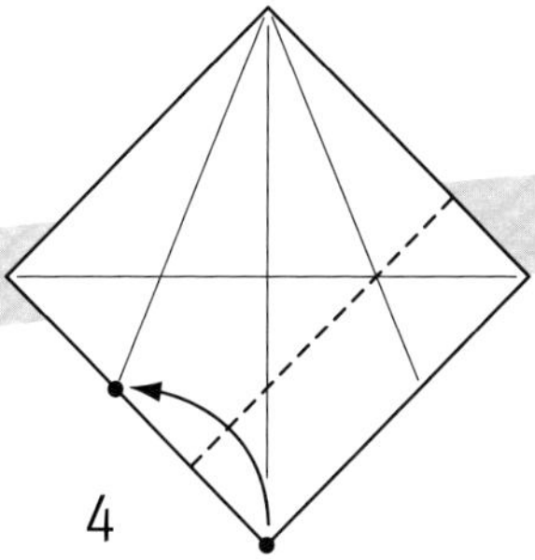

4

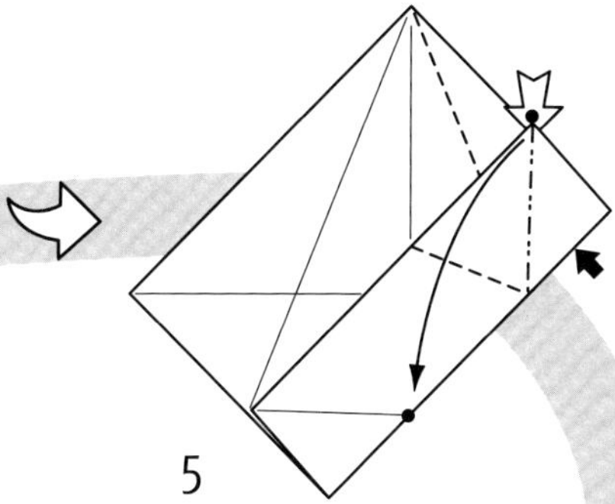

5

Oben hineingreifen und gleichzeitig von rechts drücken.

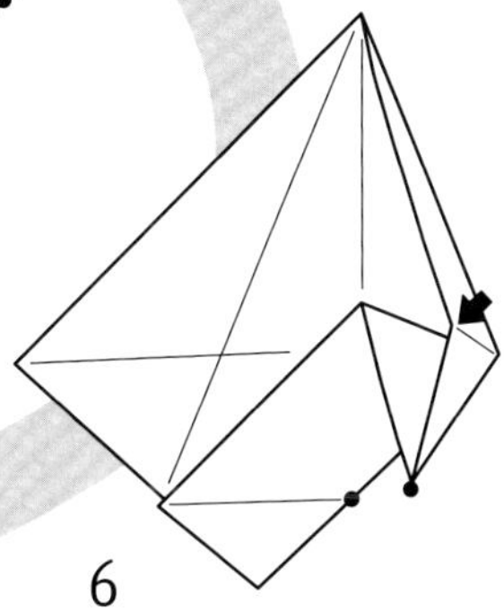

6

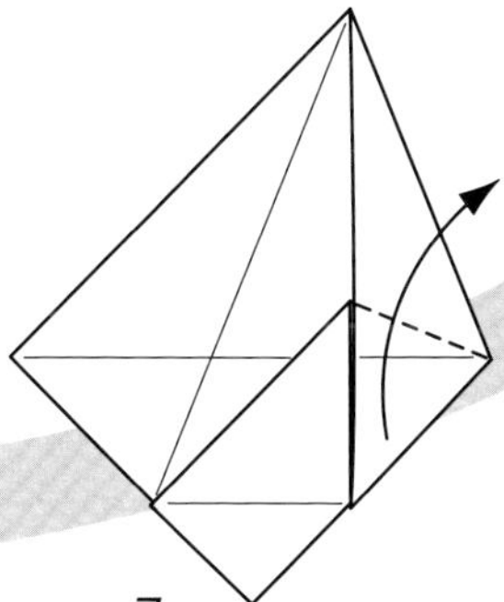

7

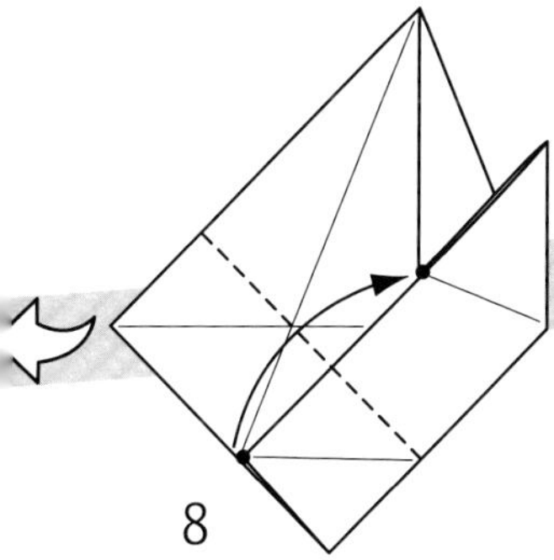

8

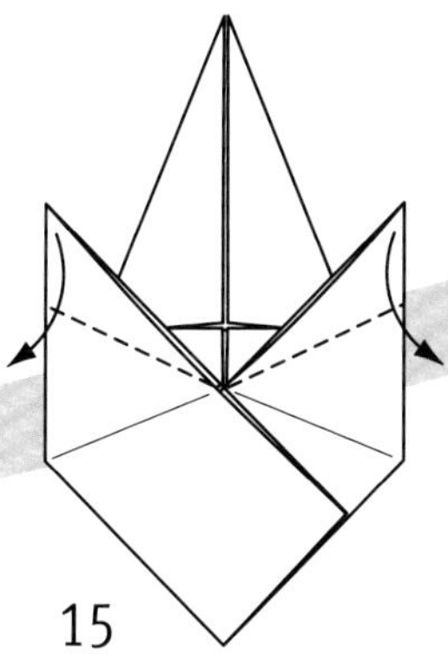

15

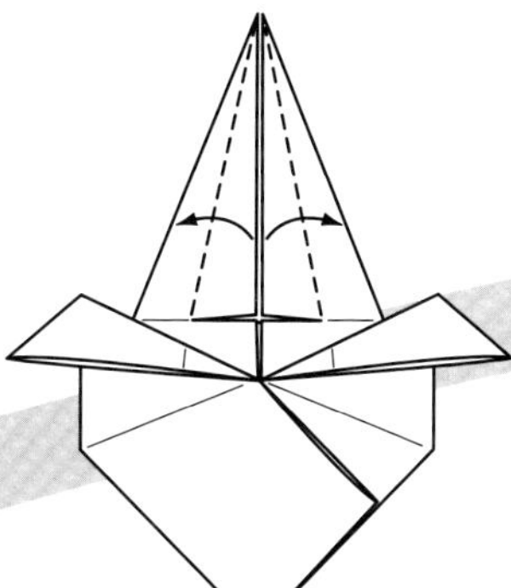

16

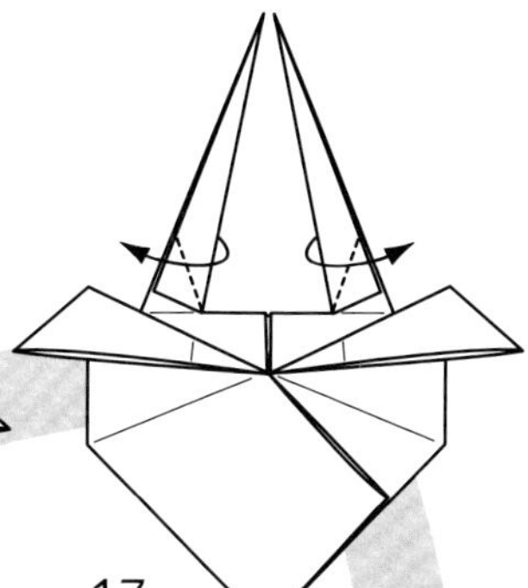

17

weiter auf Seite 32

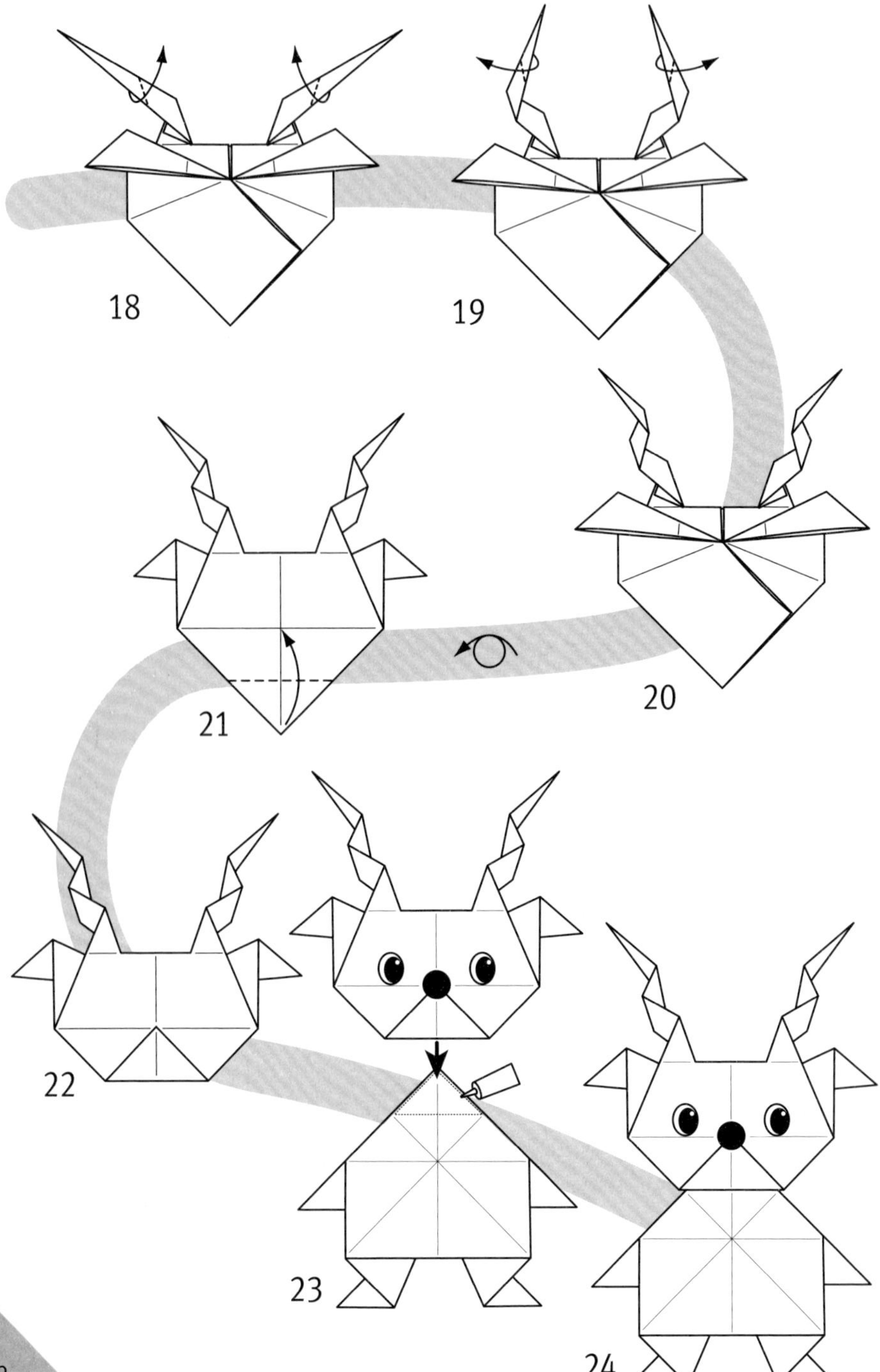
18
19
20
21
22
23
24

Hunde

Material:

- Origami-Papier in Braun-Hellblau, Lila-Rosa, Blau-Ocker, Grün-Gelb, 15 x 15 cm (je Figur 2 Blatt)
- Klebepunkte in Weiß, 18 mm Ø; Schwarz, 12 mm Ø; Rot, 18, 12 und 8 mm Ø
- Lackstift in Weiß
- Klebstoff, Schere

Vorlagenheft, Seite 12 – 15

**

Weltraum

Material:

Raketen

- Origami-Papier mit Quadraten, in Gelb-Hellgrün, 15 x 15 cm
- Klebepunkte in Grün, Schwarz, 8 mm Ø

Ufos

- Origami-Papier mit Regenbogenverlauf und in Gelb-Orange, 15 x 15 cm
- Klebepunkte in Gelb, Orange, Blau, 18 mm Ø

Vorlagenheft, Seite 16/17

**
*

Elefanten

Material:

- Origami-Papier in Gelb-Orange, 20 x 20 cm; Hellblau-Hellgrün, 15 x 15 cm
- Klebepunkte in Weiß, Schwarz, 8 und 12 mm Ø
- Lackstift in Weiß

Vorlagenheft, Seite 18/19

***

Frösche

Material:

- Origami-Papier in Olivgrün-Grün, Hellgrün-Hellblau, 20 x 20 mm
- Klebepunkte in Weiß, Schwarz, 8 mm Ø

Vorlagenheft, Seite 20/21

★★★

Fledermäuse

Material:

- Origami-Papier in Rot-Schwarz, Blau-Schwarz, Hellblau-Hellgrün, 15 x 15 cm
- Klebepunkte in Schwarz, 8 mm Ø
- Filzstift in Schwarz
- Lackstift in Weiß
- Schere

Vorlagenheft, Seite 22/23

***

Augen aufmalen oder Klebepunkte anbringen.

Dinosaurier

Material:

- Origami-Papier mit Kratzmotiv in Gelb, Braun, Rotbraun; mit Suminagashi-Muster in Blau-Weiß (Sumi: Tinte, Tusche; nagashi: fließen), 15 x 15 cm

Vorlagenheft, Seite 24 – 27

★★★★

Rentiere

Material:

- Origami-Papier in Braun-Hellblau, 15 x 15 cm; Ocker, 12 x 12 cm (je Figur 2 Blatt)
- Klebepunkte in Weiß, 18 und 12 mm Ø; Schwarz, 12 und 8 mm Ø; Rot, 12 und 8 mm Ø; Grün, Braun, 8 mm Ø
- Lackstift in Weiß
- Klebstoff
- Schere

Vorlagenheft, Seite 28 – 32

****

Für die Rentiere ist Erfahrung nötig!

Impressum

Lektorat: Elke Fox, Freiburg
Fotos und Styling: Christoph Schmotz, Freiburg
Zeichnungen: Miyuki Lacza
Umschlaggestaltung: art und weise, Freiburg
Layoutentwurf: beaschmucker Grafik & Konzeption
Satz: Elke Fox, Freiburg
Reproduktion: Meyle + Müller GmbH & Co. KG, Pforzheim
Druck und Verarbeitung: Himmer AG, Augsburg

ISBN 978-3-8388-3303-3
Art.-Nr. CV3303

2. Auflage 2010

© 2009 Christophorus Verlag GmbH & Co. KG, Freiburg

Alle Rechte vorbehalten

Sämtliche Modelle, Illustrationen und Fotos sind urheberrechtlich geschützt. Jede gewerbliche Nutzung ist untersagt. Dies gilt auch für eine Vervielfältigung bzw. Verbreitung über elektronische Medien.

Autorin und Verlag haben alle Angaben und Anleitungen mit größtmöglicher Sorgfalt zusammengestellt. Dennoch kann bei Fehlern keinerlei Haftung für direkte oder indirekte Folgen übernommen werden.

Der Verlag übernimmt keine Gewähr und keine Haftung für die Verfügbarkeit der gezeigten Materialien.

Herstellerverzeichnis

nice papers, Q-Verlag Berlin e. K.

Kreativ-Service

Sie haben Fragen zu den Büchern und Materialien? Frau Erika Noll ist für Sie da und berät Sie rund um die Themen Basteln und kreatives Hobby. Rufen Sie an! Wir interessieren uns auch für Ihre eigenen Ideen und Anregungen. Sie erreichen Frau Noll per E-Mail: **mail@kreativ-service.info** oder Tel.: **+49 (0) 5052/91 18 58**
Montag–Donnerstag: 9–17 Uhr / Freitag: 9–13 Uhr